伊藤喜之

悪党

潜入300日　ドバイ・ガーシー一味

講談社+α《プラスアルファ》新書

プロローグ

カーテンが閉め切られたアパートメントの一室で、男はアップル製のデスクトップパソコンの画面を睨みつけるように凝視していた。

小麦色に日焼けした肌に汗でテカリを帯びた顔。髪は短く刈り込んでおり、黒いＴシャツの左上腕の袖口からはタトゥーものぞいている。

男が確認しているのは、ＹｏｕＴｕｂｅ生配信の同時接続者数。カウンターの数字はみるみる数が膨らんでいく。配信予定時間の午後10時に合わせ、待機している視聴者たちがある程度の数に達したら配信を始める手筈だった。

１８０００……２３０００……２８０００……。男の表情が一瞬、緩んだ。

「おおっ、もう３００００人超えた。もう行きますわ。スタートしますね」

脇に控えていた配信を手伝っているスタッフが「はい」と応じると、男はマウスを動かし、開始ボタンを押した。

「こんばんわー。みなさんお待たせしました。予定通り１００万人記念の配信を始めたいと思います」

「今日の暴露は新田真剣佑です。みんな9割ぐらい予想当たってたんちゃうかなー」

２０２２年、この男ほど物議を醸した人物はいなかったのではないか。

ガーシーこと、東谷義和《ひがしたによしかず》——。

日本でバーやアパレル会社、芸能プロダクションなどを経営してきた51歳。彼は２０２２年2月17日、突如としてＹｏｕＴｕｂｅで、「ガーシーＣＨ」という名のチャンネルを始めた。自らの詐欺疑惑が発覚すると、ほとんどの芸能人の友人から連絡が途絶えたとし、「そのすべてから手のひらをかえされ、すべてを失った」と主張。「すべてをさらけ出したる」と、自ら見聞きしてきた俳優や芸人らのスキャンダルを次々に暴露していった。

突然、暴露という凶刃《きょうじん》を向けられた著名人らの反応はさまざまだった。東谷に対して謝罪する者から、沈黙を貫き通す者、そして法的措置を検討する者……。芸能界を中心に影響は広がり、配信で東谷が使った暴露対象の芸能人の名を書き込んだホワイトボードは「デス

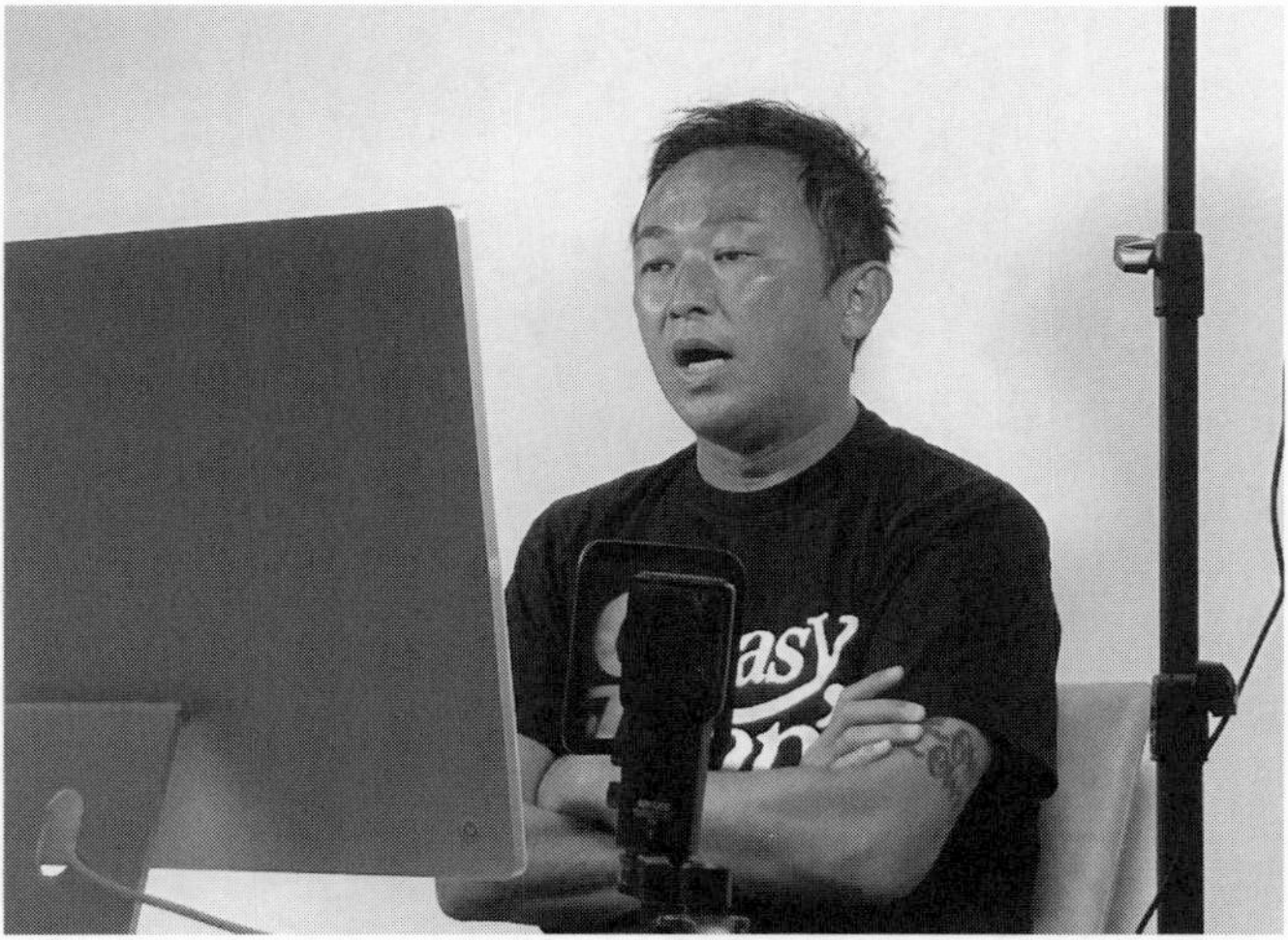

2022年4月10日、チャンネル登録者数100万人の記念配信

ノート」にたとえられ、テレビ局などはリスク管理のためキャスティングの参考にしているとも報道された。

視聴者の反応も真っ二つに割れた。「カネ目的の身勝手な暴露」と非難するものから「芸能界の闇を暴いた」と喝采を送るものまで賛否は分かれたが、チャンネルの登録者数はわずか3ヵ月足らずで120万人超に急増する。YouTubeデータ分析ツール「kamui tracker」による集計では、2022年上半期の新人登録者ランキングで1位を獲得した。東谷のもとには視聴者からのタレコミも数多く舞い込むようになり、それも暴露リストに加えられた。いつの間にか、「ガーシー現

象」「一人週刊誌状態」などとの論評まで現れるようになった。

5月に中東・アラブ首長国連邦のドバイに滞在していることを初めて公表すると、今度は7月10日投開票の参院選に立花孝志が率いるNHK党から立候補の名乗りを挙げる。海外からの国政出馬という前代未聞の事態となり、「話題づくりの泡沫候補」と見る向きも多いなか、NHK党の街頭演説にドバイからリモートで登場するなど、異色の選挙戦を展開した。蓋を開けてみれば、28万票余りを獲得し、「ガーシー議員」は誕生したのだった。

議員になると、東谷への圧力は強まった。臨時国会が始まっても一度も登院しないことに「早期に議員辞職を」「無駄な血税が使われる」などと非難の声も巻き起こった。しかし、本人は「ドバイで暴露を続けると公言して当選した。リモートでも職責は果たせる」「俺を批判できるのは票を入れてくれた人だけ」と訴え、批判はどこ吹く風という態度だった。2022年12月末には警視庁がYouTube配信での名誉毀損や脅迫などの容疑で複数の告訴を受理しているとして、東谷に対して帰国しての聴取要請を出した。これに対し、本人は「3月上旬に帰国して聴取を受ける」との意向を示した。

一方で、最大の武器だったYouTubeは規約違反があったとして凍結され、自前で開発した有料オンラインサロン「ＧＡＳＹＬＥ（ガシル）」に切り替えざるを得なくなった。だが、切り抜き動画がＹｏｕＴｕｂｅなどに転載されるかたちで、今も一定の拡散力を保っており、今なお、東谷の一挙手一投足はネットニュースとなり、良くも悪くも世間の話題であり続けている。

私は朝日新聞ドバイ支局長として２０２２年４月にドバイで初めて接触して以来、東谷を取材対象として追い始めた。同８月末で朝日を退職して作家として独立したが、ドバイに引き続き住み、取材を継続させてきた。

その中で常に意識していた、いくつかの問いかけがある。

なぜ東谷はドバイに向かい、どのようにガーシーＣＨを始めることになったのか。その裏で糸を引いていたのは誰だったのか。そして、どのような人々が東谷の周辺に集まり、一体なにが起きていたのか。

密着取材の過程で自ら目撃したことも含め、私はこれらの問いかけに回答を示していくが、総括だけは先に触れておきたい。

本書は、東谷とその周囲にいる「手負いの者たち」の記録である。

悪党

潜入300日　ドバイ・ガーシー一味

目次

1

すべてを失い、ドバイにやってきた男

真夏には最高50度にも達する灼熱の都市ドバイであっても冬といえる季節はある。平均気温が10～20度台に下がり、誰もが快適さを感じられるのは毎年11月から3月初旬にかけてだ。酷暑への服従を宿命づけられた、この地に暮らす者たちにとっては救われたような心持ちになる祝祭的な季節である。

2021年12月18日午前5時半すぎのことだ。

そんな冬を迎えたドバイ国際空港の第3ターミナルに黒い帽子を被った男が降り立った。乗ってきたのは日本からのエミレーツ航空の直行便だ。

男が空港のゲートを出ると、ベージュ色と赤を基調にしたタクシーが3列に車列をつくっていた。市街地へはメトロも走っている。

しかし、男はためらった。「ここでカネは使えへん」。日本を発つ直前に妹を通じて親類から数十万円を借りることができたが、飛行機代に大半が消え、手元に残っていたのは当面の宿代に回すつもりの数万円ほどとポケットに入れたままの110円の硬貨だけだった。

仕方なく空港内のベンチに腰掛け、アイフォンを取り出して空港の無料Wi－Fiに接続した。メッセージアプリを起動し、ドバイに住む友人Aにメッセージを送った。

「ドバイについたんやけど」

実は数日前に、Aは男に「大丈夫ですか」と身を案じるメッセージを寄越していた。そればかりか、「ドバイに来たらどうですか。住むところも用意できます」と申し出てくれていた。

身から出た錆で億単位にのぼる借金を重ね、詐欺を疑われる不始末も犯し、多くの友人から連絡が途絶えていた。雪山で自殺しようと企てたが、向かった山には雪がなく結局、死に切れなかった。弁護士に相談すると、警察に出頭するのも手だと勧められた。しかし、ここで警察に逮捕され、万が一、実刑を受けたら懲役5年は覚悟しなければいけない。もう借金の清算などもできない。しかし海外に逃げるというのも、このときは現実的ではない気がした。

「ありがとう。本当にやばなったら頼らせてもらうわ」

結局、Aにはそう一言だけ返事し、それきりになっていた。

17日昼ごろ、久しぶりにスマートフォンをチェックした男はショートメッセージで届いていた着信通知を見て凍りついた。

午前9時53分、見知らぬ番号からだったが、市外局番は大阪府内と兵庫県の尼崎市でしか使われていない「06」。下4桁は特徴的な「1234」になっている。幼少時から関西に長く暮らし、10代後半で走り屋のチームに入るなど素行が不良だった時期もある男にはピンときた。

「大阪府警の警察署の番号や」

男の焦燥は極限に達した。「このままじゃ、捕まる」。気づくと、男は手提げカバンひとつにわずかな着替えだけを詰め、関西国際空港に直行していた。空港についてから、親類から借りた金でドバイ行きの直行便を購入し、午後11時台の出発便に飛び乗った。

ドバイまで片道11時間のフライト。その間に自分のスマホからは日本で契約した携帯SIMカードは抜き取っていた。警察が携帯電話会社を通じて照会して、位置情報でたどり着いた国が露見するのを恐れたからだ。

早朝だったので、ターミナルのベンチで数時間ほど待機した後、男は空港近くの宿に徒歩で向かった。ドバイという都市から連想する高級ホテルとはあまりに落差の大きい田舎のモーテルのような安ホテルだった。

チェックインの手続きを済ませ、ひと息ついたが、昼近くになり、メッセージに気づいたAからは「本当に来たんですか」と驚き混じりの返事が届いた。ドバイ行きはAにも伝えていなかったからだ。

「じゃあ、とりあえず俺の家に来てください。美味いものでも食べてから、いろいろ話しましょう」

男はしばらく休んだ後、帽子を被り直し、A宅に向けて出発した。目的地まで10キロ以上はあったが、歩くしか選択肢はなかった。

市街地から続く幹線道路沿いを歩いていった。近代的な高層ビル群が立ち並ぶエリアにも出たが、所どころ空き地もあり、サラサラの砂が露出していた。その事実は初めて踏み入れたドバイという土地が砂漠（土漠）に人工的に造られた都市であることを男に感じさせた。

ドバイはかつて砂漠に囲まれた漁村のイメージで語られるような場所だった。国名としてはドバイ首長国と呼ばれ、1971年にイギリスの保護領を脱し、近隣の六つの首長国とともにアラブ首長国連邦（United Arab Emirates、略称UAE）として独立した。以来、半世紀をかけて中東を代表する商都として発展を遂げてきた。ドバイは潤沢な石油に恵まれているというイメージがつきまとうが、実際には国全体の9割の原油資源を持つのは隣接するＵＡＥの首都アブダビだ。ドバイも一定の石油は有するものの、石油だけに経済を頼りきれるほどの埋蔵量はない。だからこそ、１９８０年代から金融や観光に力を入れる都市形成に舵を大きく切り、海外からカネやヒトを呼び込み、経済を回すドバイ独自の成長戦略を採用した。

ＵＡＥ全体が所得税や法人税の負担がない（２０２３年6月からは法人税9％を導入予定）というタックスヘイブン（租税回避地）であることに加え、「世界一の創出」というアイデアで、この戦略は軌道に乗る。世界最大規模のショッピングモールのドバイモール、国際線の旅客数世界一のドバイ国際空港、ボーイング７７７の旅客機を世界で最も多く所有する航空会社エミレーツ、世界最高額の賞金を誇った競馬レース・ドバイワールドカップ（現在はサウジアラビアのサウジカップに次ぐ世界2位の額）など、数々の「世界一」を生み出すことで海外から人々を引き寄せ、世界に名がとどろく国際都市ドバイを創り上げた。

男がドバイに到着したのも、ちょうどドバイが誘致に成功したドバイ万博が開催されている最中だった。新型コロナウイルスの感染拡大で開幕の1年延期を余儀なくされたが、中東で初めての開催となる万博を国全体で成功に導こうと動いていた。男がひたすら歩いていく街角には、万博をPRする旗や看板も掲げられていた。

男は2時間ほど歩いて、ようやく目的地にたどり着いた。アラビア湾（ペルシャ湾）から大きく湾曲するように、浚渫《しゅんせつ》されたクリーク（運河）沿いにある、ドバイでも指折りの高級レジデンスだ。

約束の時間に到着したが、Aは外出中で不在だった。しばらく外で待たされると、高級車に乗ったAが現れた。

「A君、久しぶりやね」と男。

「えっここまで歩いてきたんですか！」

2時間近く歩いてきたと知り、Aは驚いたが、男はこう虚勢を張った。

「歩くの好きやから。ぜんぜん平気やで」

レジデンスの玄関フロアに入ると、コンシェルジュが常駐していた。エレベーターに乗り込むと、男はあることに気が付いた。階を指定するボタンがなく、あるのは開閉ボタンだけだ。最新のセキュリティが施され、入居者は自室のある階や共用フロアにしか辿り着けない。来客の場合は、コンシェルジュが住民に来客を告げて確認した上で降りる階を毎回指定するシステムになっている。

高層階にあるA宅に案内された。

シャンデリアが吊るされ、ゆうに100畳ほどはある豪壮なリビングルーム。窓際に置かれたコレクション棚にはリシャールミルやパテックフィリップ、ロレックスなど高級腕時計が数十個ずらりと並んでいる。それぞれが数千万円から数億円で購入したものだといい、昨今の高級時計ブームも手伝い、現在では時価10億円近くの値が付くものもあった。

部屋のバルコニーに出れば、眼下にクリークが一望でき、その先には高さ828メートルと世界一の高さを誇るビル、ブルジュ・ハリファが空を突き刺すようにそびえている。

しかし、男にはそうしたものの一切が目に入っていなかった。否、見る余裕がなかったというのが正確かもしれない。

男よりも14歳も年下だったが、Aと男はすでに10年近くの付き合いがあった。共通の知人である芸能モデルの男性に紹介されて知り合ったが、一言で言えば、麻雀仲間としての交友だった。一夜で数百万円が動く高額レートの賭けマージャンを何度となく共に興じてきた。

ドバイまでやってきた友人の様子をひと目見て、Aはその変化に気づいていた。かつて雀卓を囲みながら見せていた勝負師としての強気な表情は男から完全に失われていた。というより、別人かと見まがうほどだった。

男は黒いバケットハットを被り、茶色の髪は肩の辺りまで長く伸び、無精髭も目立っていた。質問には「うん」などと短く答えるが、それ以外は押し黙ってしまう。眼には生気がなく、すっかり憔悴している様子が見てとれた。

その夜、男を囲んで食事会が開かれることになり、その場にはAの10歳年下の婚約者も加わった。婚約者はちょうどドバイに和食レストランをオープンさせる準備を進めていた。開店までの間、Aは自宅にシェフを呼んで試食を重ねており、高級寿司と神戸牛のフルコースが振る舞われることになった。

シェフたちやAの婚約者にも男の様子は奇異に映った。

Aの婚約者はこう振り返る。

「食事中も帽子を決して取らないんです。目が見えないぐらい深く被っていて、ほとんど喋りもしない。ちょっと、おしゃべりが苦手な人かなって思うぐらいだった」

シェフの一人は少し失礼になるとは承知の上で男に思わずこう言ってしまったという。

「なんか、スナフキンみたいですね」

帽子を目深に被り、そして無駄なことを一切、喋らない様子。そしてバックパッカーのような旅人然とした身なりから、北欧フィンランドの作家ヤンソン原作の人気アニメ「ムーミン」に登場する、放浪癖のある名物キャラクターに見えたという。

「じゃあ、これからどうします？」


食事中、Aはそう質問した。

男はしばらく押し黙った後、こう答えた。


「……カネは何とか返したいとは思ってる」

「じゃあ、そのためにどうしようと思ってるんですか」

「いまはまだ何も思いつかへん」


このとき、その場にいた誰一人として、その後の展開を予想していなかった。

ちょうど2ヵ月後の2022年2月17日のことだ。

男は突如として動画配信サービスのYouTube上で自らのチャンネルを立ち上げ、日本社会に衝撃を与える。

「東谷義和のガーシーCH【芸能界の裏側】」

寡黙なスナフキンに見えたのは、完全な誤解だったと皆が気づくことになる。

2

ガーシーとの出会い

ドバイでは人気エリアは砂漠の広がる内陸部よりも海辺に集中する。それゆえに、海沿いに都市を横長に拡張し、沖合には人工島を造成してリゾート開発する戦略が取られてきた。中でもヤシの木のかたちをモチーフにし、上空からは木の幹から放射状に16本の枝が伸びているように見えるデザインのパーム・ジュメイラは世界最大の人工島として知られている。

そして、新たな人工島として2019年に完成したのが、ブルーウォーターズ・アイランドだ。欧米からの富裕層が多く居住し、数多くの観光ボートも発着する人気エリアのマリーナ地区と橋で直結している。外周3キロほどの島内には200以上のレストランやショップ、高級アパートメントが集積しており、中でも特筆すべきは高さ250メートルと世界一の大きさを誇る観覧車アイン・ドバイが所在していることだった。

この島の象徴とも言えるホテルが「シーザーズパレス・ドバイ」だった。米ラスベガスにある名門カジノホテルの系列で、約500室もの客室を有し、幅約500メートルにも及ぶホテル専用のプライベートビーチなどを有するドバイでも指折りの最高級ホテルだ。気候がちょうど良い冬場のハイシーズンにもなれば、最も安価な部屋でも1泊3000〜5000UAEディルハム（10万〜20万円台）にもなる。

賭博を禁じるイスラム教を国教とするUAEではカジノは違法だ。そこになぜカジノホテルが進出するのか奇妙にも思えるが、UAE国内ではドバイなど複数の都市のいくつかの人工島で近い将来、特別に賭博を解禁する政策が取られる可能性があると囁かれている。「先祖伝来の土地ではなく人工島であるために規制を緩める特別区に指定できるのでは」とも噂されており、シーザーズパレスもそうした将来の規制緩和を見込み、カジノ開設の準備を密かに進めているとの情報がある。

そんなシーザーズパレス1階のレセプション脇のとりわけ目立つ場所に和食レストランがある。それが、レストラン「崇寿（TakaHisa）」だ。2021年12月29日にオープンした。主に日本から週3回、空輸で取り寄せて提供する本格寿司のコースと最高級A5ランクの神戸牛の和牛コースを用意しており、2人での会食でコース料理を頼めば、日本円で最低10万円以上は平気でするような高級店だった。

私は開店直後の2022年1月に初めて訪れた。日本料理店もしだいに増えているドバイとはいっても、キャビア、トリュフなどの高級食材もふんだんに使われた贅を尽くした料理に驚き、食後の会計が恐ろしかったのをよく覚えている。

当時、私は朝日新聞ドバイ支局長としてUAEをはじめ、サウジアラビア、カタールなどのアラブ湾岸産油国と、イラク、レバノン、イエメンといった中東の政情不安の国々をカバーしていた。

2022年4月7日、私はこの崇寿で、当時、暴露系ユーチューバーとして世間を騒がせていたガーシーこと東谷義和と初めて対面し、食事をともにすることになった。最初は取材ではなく、あいさつという名目だった。

なぜ会うことになったのか。

その1ヵ月ほど前、私はいつもドバイのディープな情報を寄せてくれる知人からこんな噂を耳にしたからだ。

「ガーシーCHってYouTubeチャンネルを配信している人がドバイにいるらしいです。レストラン崇寿で見かけたという人がいます」

2月17日に最初の動画を上げたばかりのガーシーCHだったが、主に芸能人を標的にするスキャンダルの暴露とまくし立てるような関西弁のトーク術で、またたくまに物議を醸すチャンネルとして話題になっていた。知人からの情報提供を受ける前に、ちょうど私もチャンネルを視聴したばかりだったので、「まさかなぜドバイに」と驚くとともに、にわかに興味が湧いた。

改めてそれまでに東谷が配信した動画をすべて視聴し、それに関連して人気ユーチューバーのヒカルが東谷を「詐欺師」と糾弾している動画なども確認した。ヒカルは東谷が「ヒカルとコラボできる」などと持ちかけて企業経営者から金を集め、そのまま返金していない事案を暴露していた。

さらに、東谷は韓国のアイドルグループＢＴＳに会わせるとして知人女性ら数十人から金を集めたものの、実際には会わせることもなく返金もしていない状況にあり、いずれも詐欺の嫌疑がかけられていた。

その時の率直な感想で言えば、東谷を取材するのは一筋縄ではいかないだろうと思った。実際、簡単には取材は受けてくれないだろうとも思ったし、接触にはリスクが伴う人物だとも感じた。情報提供をしてくれた知人には「関わらないほうがいいですよ」と止められた。

たしかにそれが無難な選択だったかもしれない。しかし誰かに接触することのリスクよりも職業的な好奇心がまさるのが記者としての私の性分だ。

実際、東谷には強く興味をそそられた。ＢＴＳ詐欺疑惑という犯罪性のあることをしたと本人も認めながら、そうした疑惑が明るみに出た後に連絡を絶つなどして「手のひら返しをした」芸能界の友人らに「私怨」だと公言しながら彼らのスキャンダルを暴露していく。また、そうして逆恨みとも取れる暴露を続ける彼のもとに新たな情報提供が寄せられ、連続的にそれらも暴露していくという、いわば「一人週刊誌」のような様相を呈していることも見逃せなかった。彼が起こしているのはSNS時代における一つのメディア現象ではないかと感じたし、一部メディアでは、そうした論評もすでに出始めていた。

日本に勤務していたころ、私は大阪社会部で暴力団や薬物事件の担当として取材にあたっていた。2015年の夏に指定暴力団山口組が内部分裂すると、数多くの暴力団関係者に接触する必要が生じ、抗争の内情を伝えようと苦心した。グレーな人物へのリスクのある取材をギリギリのところで進めていき、世間一般で比較的硬いと思われている新聞メディアでなんとか活字にする。そんな仕事にやりがいを見出していた。

物議を醸している渦中の人物を取材するのはメディアの伝統的な役割の一つだろう。たとえば、2005年のホリエモンこと堀江貴文が起こしたフジテレビ買収騒動時にテレビ業界担当の記者だったとして、堀江当人を取材しないという選択はありうるだろうか。どれほどグレーで、きな臭そうに見える人物だったとしても接触し、インタビューし、その行動の理由をただすのは記者の仕事だろう。私も大阪社会部にいたころ、安倍政権での国有地売却問題で揺れた学校法人「森友学園」の籠池泰典理事長を取材したことがある。世間からは胡散臭いおじさんの権化のように見えていたかもしれないが、実際に会ってみると大阪商人らしい風情で愛嬌があり、こうした人間味が周囲にある種の安心感を与え、安倍元首相夫人らからの信用にもつながっていたのだと得心できた。

東谷への取材も同じことだった。ＹｏｕＴｕｂｅでの暴露配信という極端な行動の他にも詐欺疑惑が持ち上がっている人物でもあり、当人にその犯罪嫌疑について直接追及するのは事件報道としての意義がある。そうした二重三重の意味で東谷の取材価値は十二分にあると考えた。

ただ、ちょうどドバイ万博の閉幕やロシアのウクライナ侵攻の余波の取材などで慌ただしい時期だったため、それらが少し落ち着いた4月初旬に取材を申し込むことにした。東谷の連絡先は知らなかったが、彼はＳＮＳでダイレクトメールを受け付けていたので、簡単に連絡を取ることができた。

最初にこうメッセージを送った。

「突然のご連絡失礼致します。ドバイにいらっしゃると人伝てにお聞きして、お会いできないかと思い、ご連絡しました。東谷さんの一連のＹｏｕＴｕｂｅ配信について興味深く拝見しています。付き合いのある芸能人の、そして個人的に不満がある方について次々に暴露していき、それに伴いチャンネル視聴者が爆増していくというのは、今まであるようでなかった一つのメディア現象ではないかと思っています。いまの状況をどうご自身で見ているのか。直接お会いしてインタビューに応じていただけないでしょうか」

翌日、こう返事が返ってきた。予想に反して丁寧な言葉が綴られていた。

「ご連絡ありがとうございます。私の気持ちはたしかにさまざまな感情があります。しかしながら、一つ確実に言えるのは、朝日新聞さんのようなゴシップではない、しっかりした媒体に掲載していただくタイミングは、やはりすべての被害者へ弁済を終わらせてからが良いと思っています。自分のような現状、人様に迷惑かけてしまっている人間が、その状況下で信頼ある媒体で公式に発言することは被害者の方々の感情を逆撫ですることにもなり、良くないと考えます。

幸いにも現在結構多くの（筆者補足：YouTube配信による）収益が見込めておりますので、数ヵ月の間にはすべて弁済できると思っています。それが終わった時は、一番初めにこのようにお声がけ下さった、朝日新聞さんにお願いをしたいと思います。ご丁寧にメッセージをくださり感謝します」

まるでその筋の輩のように激しく怒りながら、暴露を繰り返すYouTube上の東谷とはだいぶ印象が違う文面だった。そこには冷静さも感じ取れたため、実際にはかなりの計算を働かせながら暴露をしているのか、もしくは頭のキレる陰のブレーンでもいるのか、と想像を巡らせた。

取材のタイミングは東谷がゴーサインを出すまで待てると返答した。「では、それとは別に一度、ご挨拶したいので、お食事でもどうでしょう」と誘うと、「絶対に記事にはしないでください」という条件付きで会うと返事がきた。そして、場所を指定されたのが、レストラン崇寿だった。

午後8時に待ち合わせた。店内に入ると、ちょうど東谷も着いたところだった。ベージュの野球帽に白いTシャツ、膝までのハーフパンツというカジュアルな格好で現れた。満面の笑顔で、白い歯をのぞかせている。

東谷は会うそばからご満悦な様子だった。その理由はすぐにわかった。ガーシーCHのチャンネル登録者数がその日、ちょうど100万人を突破し、そして、多額の広告収益が入ることが確実になったからだ。

「収益化に必要なピンコードが（YouTubeを運営する）グーグル社から届いていなかったので不安だったのですが、ようやく届きました。正直、もうすべて返済できる見通しが立ったんです。ただ、最初の収益が入ってくるのは5月下旬ぐらいになりそうなんですけどね」

酒は一切飲めない体質だと言い、アイスグリーンティーを注文した。私が一つ質問したことに十倍返すかのように半ば問わず語りにしゃべり続ける。交友のあった綾野剛や城田優、新田真剣佑などの直近の暴露対象になった具体的な芸能人の名に次々に言及しながら、近く暴露するというスキャンダルまで開陳していく。職業柄、つい私も食い入るように耳を傾けてしまい、東谷から「普通にガーシーCHファンですか」と笑われてしまうほどだった。

配信開始から50日足らずしかたっていなかった。あっという間に億超えは確実とみられる収益を確保した東谷にこう尋ねてみた。「今はこんなに話題にもなって、（YouTube配信が）楽しいんじゃないですか」

東谷は途端に表情を変え、首を振りながら即座にこう言い切った。

「それはないですよ。楽しいなんてのは、まったくないです。本当に毎回、覚悟決めてやってるんで」

私はこのタイミングだと思い、あらかじめ考えていた腹案を持ちかけてみた。

「インタビューは東谷さんのゴーサインが出るまで待ちます。ただ、それまでの間、密着をさせてくれませんか。世間を騒がせている人物の舞台裏を記事にしたい。詐欺疑惑もあるので、味方には決してなれない。ただ、暴露に至った背景事情もきちんと踏まえて報じたい。配信現場の様子なども撮影させてもらいたいと思っています」

東谷は「ゴーサインを出すまで記事にしないという条件を守っていただければ、いいですよ」との返事だった。ガーシーCH登録者数100万人突破記念に「大きな爆弾を落とす」という次回の生配信から取材を始める約束をした。

帰り際、私をホテルの玄関先まで送ってくれた。そこで東谷は「じゃあ、私はまだここでちょっと用事があるんで」と言い、我々は別れた。

この時は事情がよくわからなかったが、後に判明したことがある。私と別れた後、東谷はレストランの更衣室に向かうと、黒いYシャツと黒のスラックスの制服に着替えた。そして店のテラスにあるバーカウンターに入ると、客にカクテルなど各種の酒を振る舞うバーテンダーの後方に普段通りに陣取った。

東谷の担当は食後の客に、ほうじ茶や煎茶などを淹《い》れる「ティーマスター」。ドバイに東谷を呼び寄せた友人Aの婚約者がレストラン崇寿のオーナーだったことから、アルバイトを始めて4ヵ月目に入っていた。

3

秘密のドバイ配信

２０２２年4月10日、密着1日目の取材で向かったのは、ドバイのマリーナ地区にある高層アパートメントの一室だった。

玄関を入ると、10畳ほどのリビングにソファがあり、その前にはアップルのデスクトップパソコンが配信用パソコンとして設置されていた。しかし、配信用のカメラの画角には後ろの白い壁と影しか映らないようにしていた。夕方で外はまだ明るいのだが、部屋のカーテンは完全に閉め切っている。部屋の照明は部屋の中央だけを照らし、他は全て暗くしてあり、少し陰気な雰囲気だ。

「こんな感じでいつもやってるんですよ」と東谷が言う。

撮影を手伝うスタッフの日本人男性が一人いたので、挨拶を交わした。年齢は30歳ぐらい。慣れた様子で、手元にある自分のノートパソコンで配信状況や視聴者からのコメントをチェックしていた。

私は記録として動画を撮影しておこうと考えた。東谷は最近、ネロとグリと名付けたスコティッシュフォールドの子猫2匹を飼い始めたと言い、リビングには猫用の飼育ケージなどが置かれていた。生活感もよく伝わると思い、撮影しようとすると、その男性スタッフにこう制止された。

「あっ、そういう撮影は控えてください。本当に細かいところからドバイにいるってバレる可能性があるので」

それだけドバイ滞在は極秘だった。

ＹｏｕＴｕｂｅでの生配信は日本の午後10時からと決めていた。ドバイとの時差は日本のマイナス5時間のため、ドバイ時間で夕方5時。カーテンを閉め切らなければ外の明るさで時差が推測されてしまうというわけだ。

当時のＳＮＳや一部週刊誌では東谷の居場所について、日本国内にいるという説から、シンガポール、ハワイ、英国にいるという説まで、さまざまな憶測が流れていた。東谷もこの時期、「居場所を特定されないようにいろいろやっている」とよく語っていた。ツイッターなどでスマートフォンのスクリーンショットを撮影して投稿する際に、意図的にドバイとは違う時間帯が映り込むように細工して攪乱させたりしていたらしい。

ドバイ滞在説も、ＹｏｕＴｕｂｅでメンタリストＤＡＩＧＯらが指摘していた。配信で東谷が着ていた黒いパーカーにアラビア語のワンポイントデザインがあったことで推測していたものだ。しかし、実際には、そのパーカーは東谷が日本で経営していたアパレルブランドのＱＡＬＢ（カルブ、アラビア語で「心臓」の意味）で作ったもので、アラビア語をたまたまブランド名とデザインに使ったに過ぎなかった。

この時点では、ドバイと東谷をつなぐヒントは一切示されていなかった。

このことは後々、記事化の一つの障害になる気がした。当時、私は朝日新聞でインタビュー記事を掲載することをめざしていた。ＢＴＳ詐欺疑惑など事件性の疑いがあるトラブルを抱えている東谷に対し、本人に配慮して居場所を明記しないというのは事件報道としては許されないだろうと思った。本人が希望するようにインタビューは被害者への弁済が完了し、示談が終わってからだとしても、その時には居場所は明記させてもらうよう説得しなければいけない。

一方で、東谷は人気俳優らのスキャンダルの暴露によって芸能界などから敵視されている状況にあり、本人も「芸能界側からの依頼で、３月ごろにフィリピン人のヒットマンがドバイまで来ていたんですよ」と語っていた。東谷は複数の知人から聞いたという。

これには「眉唾な噂話」「海外逃亡を続けるための作り話」などと思う人が多いだろうが、私がその後、調べた限り、この「ヒットマン情報」にはそれなりの根拠があった。複数の指定暴力団や半グレ集団が動いていたという。犯罪疑惑がある人物だからといって身の安全に配慮する必要がないとは言えず、どう報じるかは思ったよりも厄介な判断になると思った。

ドバイ時間午後5時、日本時間午後10時、生配信が始まった。

この日はチャンネル登録者数が１００万人を突破した記念配信。アクション俳優の故・千葉真一の息子で人気俳優の新田真剣佑を暴露対象にしていた。

「お前に動かされた半グレの人間も知ってんぞ。常に誰かに頼もうとするよな。お前と共演した俳優とか女優とかみんな、お前のこと嫌いや言うやないか」

「お前は好青年のイメージが強すぎるから、絶対大ダメージ食らうぞ、俺が証拠出したら。

（中略）俺は新田真剣佑だけは絶対許しません」

この日は、最初は落ち着いていた東谷の口調も終盤でヒートアップし、比例するようにおでこや鼻のテカリも増していった。2月の最初の配信以来、日焼けした顔に汗をかきながら、「全部めくってく」「きっちりやったります」など、特徴的な言い回しで暴露を繰り出す姿は東谷のお決まりのようになり、このころには芸能界では明石家さんま、ナインティナインら大物芸人が舞台で冗談まじりに言及したり、モノマネタレントのミラクルひかるがYouTube上でモノマネをしたりと、「ネタ」にする動きも広がっていた。

4

急展開の示談成立

「思ったよりも早く（BTS詐欺の件で）被害者に弁済できることになりそうです。弁済資金を貸し付けてくれるという支援者が現れたんで」

4月中旬、東谷からメッセージアプリでそんな連絡が入った。ガーシーCHの収益化は早くとも5月下旬以降という話だった。もし貸付が実現すれば、約1ヵ月前倒しできることになる。

4月21日、東谷がその支援者とともに生配信をするというので私は東谷のアパートメントに向かった。少し早めに到着したが、玄関の呼び鈴が鳴り、間もなくスキンヘッドの大柄な男性が入ってきた。漫画ドラゴンボールに登場するキャラクター、ナッパのような風体。上下ベージュのジャケットスタイル。ひと目見て、YouTubeで見覚えがある人だとわかった

麻生泰《とおる》。大阪府出身の50歳。

東京美容外科の統括院長で、日本各地に整形外科や発毛専門クリニックなど100院以上を展開し、グループの年商は約200億円にのぼる。ちなみに麻生太郎元首相の実弟で九州経済連合会名誉会長も務める麻生セメント（本社・福岡市）の会長、麻生泰《ゆたか》とはまったくの別人で縁戚関係にもない。

本業の傍ら、「ドクターA（麻生泰）」というYouTubeチャンネルを持つ。麻生が得意とする豊胸手術などの様子を紹介するほか、趣味のヴァイオリン演奏やウェイクサーフィンなどの様子を配信するなどして一定の視聴者を獲得していた。息子の拓海は「お金持ちの息子」として人気のティックトッカーでもある。

麻生と東谷は元々知り合いだったわけではない。麻生はハワイに別荘を持っており、その別荘などの管理を任されているハワイ在住のコーディネーター、「コウヘイ」こと山口晃平が東谷と10年来の友人だった。麻生が春先にハワイに滞在していた際に山口から東谷と交友があることを聞き、山口に紹介してほしいと依頼したのだ。

麻生としては瞬く間に人気チャンネルに躍り出たガーシーCHに注目し、チャンネル登録者数が伸び悩んでいる自らのYouTubeの起爆剤に東谷とのコラボ配信ができればという思惑があった。収益化の見通しは立っていたが、一日も早く被害者への弁済をしたかった東谷がＢＴＳ詐欺の被害総額にあたる４０００万円の貸付を共演の条件にしたところ、麻生は承諾した。

この日は仲介した山口もハワイから駆けつけ、麻生は側近や自身のＹｏｕＴｕｂｅの撮影スタッフを同行させていた。


弁済資金の貸付に麻生の周辺は反対などしなかったのか。

東谷は少なくとも知人女性ら約40人から「ＢＴＳに会わせる」と言って旅行代金やライブ鑑賞などの諸費用の名目でお金を集めた。その総額は約４０００万円に上る。その約束を履行せずにお金を返済していない状況にあった。その上、そうした「詐欺的行為」が露見すると、急に連絡を絶った芸能人の友人らに対し、「手のひらを返された」としてスキャンダルの暴露を始めていた。

一般的な企業のコンプライアンス（法令遵守）に照らせば、金銭の貸付はおろか接触さえも高リスクと判断し、敬遠するのが普通にも思える。

この点について生配信前に、麻生はあけすけに気持ちを語っていた。

「いや、めっちゃみんなに止められたんだけど。あの人（東谷）は絶対ダメだと。でも僕はそういう止められる時の判断は我慢できないんだよ」

正直な麻生の物言いに東谷や山口ら、その場にいた人々からは笑いが起きた。聞けば、麻生の周辺は「敵を作ることになりますよ」「敵味方の陣営に真っ二つになりますよ」「あんな詐欺師にお金を貸してどうするんですか」などと強く反対したようだ。しかし、麻生としては「返せるってわかっているお金を貸すだけ。何も実績がない人には貸さない」「僕は投資効率しか見てない。いい悪いは別にして最終的にはガーシーさんは芸能界を統《す》べる人になると思う」などと説得したという。

この日の配信で東谷は初めて自分が横浜などにある違法のバカラ賭博にのめり込んだことで、友人らから多額の借金を重ね、しまいにはＢＴＳ詐欺にも手を染めるに至ったことを告白した。

そして、被害者への謝罪の言葉を口にした。

「ほんまに悪かったと思っています。本当に申し訳ないです」

そう言って頭を下げる東谷の横で、麻生も同じように頭を下げていた。

配信後、麻生に改めて東谷を支援した理由を尋ねてみた。

すると、少し哲学的な答えが返ってきた。

「結局ね、水は高いところから低いところに流れているじゃないですか。人はあるべきところに戻っていくと思う。変なことやっていたタレントさんは（暴露などで）晒されるし、在り方がちゃんとした人は生き残ると思うんです」

「ガーシーさんは博打やって、借金つくって、脛《すね》に傷を持ってね、詐欺だとかも言われている。今の世の中、やり直せないパターンが多いじゃないですか。いったん下手を打ったら二度と浮かび上がれないと。でも、そうじゃなくて自分の力で必死にもがいたらもう一回上がれるという夢があると思うんです。そういう社会になればいいなと思う」

麻生は熱心な創価学会員でもあり、それを隠さずに公表している。この日の生配信でも東谷に対し、暴露した芸能人たちとの和解をしきりに勧めるなど、麻生の言動には信仰から生じたと思われるようなところが見え隠れしていた。

麻生がいみじくも言及した「いったん下手を打ったら二度と浮かび上がれない」という日本社会のありよう。そして、「脛に傷を持つ者たち」の多さを、その後もドバイで取材を続けるにつれ、私は幾度も意識せざるを得なくなった。

東谷は第二の人生をドバイにかけたが、まさにそうした後ろ暗い過去を持つ者たちが彼の周囲に結集していることに気づいたからだ。

麻生からの4000万円の貸付金で東谷はBTS詐欺の弁済に一気に動く。正確には43人いた被害者への弁済や示談の手続きは、ユーチューバー弁護士として知られるアトム市川船橋法律事務所の高橋裕樹弁護士（千葉県弁護士会）に依頼した。後に東谷に直接聞いたところでは、4月末の時点でほぼ全員と示談が成立していたという。

「弁済を終えてから」という条件だったインタビューが予想より早く実現できることになったのは私にも好都合だったが、つぎに悩みの種になったのはやはり、どこでインタビューするかという問題だった。

話し合った結果、インタビュー場所は同じUAE国内ではあるが、ドバイではなく、ラスアルハイマという北部の地方都市で行うことになった。前述したように犯罪性のある人物へのインタビューではとりわけ事実関係や証言の信憑性を高めるためにも「いつ、どこで、誰が、どういう理由で、何を、どのように」という、いわゆる「5w1h」の記述は欠かせない。しかし、ドバイと明記するなら、東谷としては身の危険が増すためインタビューは受けたくないという姿勢だった。東谷からはドイツやカタールなど他国でのインタビューも提示されたが、そこまですると記者として嘘に付き合うことにもなる。最終的に折衷案として合意したのがUAEではあるが別都市での取材だった。

5

幻のインタビュー「自分は悪党」

ここで東谷へのインタビューを紹介する。朝日新聞での掲載をめざしていた原稿だ。ただし、読みやすいよう行数を減らすなど変更は加えている。なお、インタビューの内容は2022年5月中旬の執筆時点のものである。

◇

――2月以来、「ガーシーCH」を配信し、芸能人の異性関係や犯罪行為などの暴露を続けている。なぜ、このようなことを始めたのか。

「元々はユーチューバーのヒカルにYouTube動画で、僕が『詐欺師』だと晒されたのがきっかけです。晒されて、僕のなかで何もかも失ったタイミングで、残っていたのは芸能人との人脈しかなかった。僕は芸能界の友達に異性を世話する『アテンド』を27年間してきました。YouTube配信でその一端を暴露していくことで、動画の再生回数を増やし、広告収入で借金や被害弁済をしていくしかないと思った。

もちろん彼ら芸能人の多くは友達だと思っていたので、最初は晒すつもりはさらさらなかった。なかったですけど、ヒカルに晒されたり、Z李（ジェット・リー）（ツイッター上で闇社会を中心とした情報を発信することで知られる）にBTSに会わせるといって約40人から約4000万円を集めて返金しなかった件について晒されたりした後、彼ら芸能人の友達からは数人を除いてまったく連絡がなかった。助けを求めたかった相手にラインをしたら無視されたりしました。でも、これまで僕がスキャンダルを晒してきた綾野剛しかり、城田優しかり、新田真剣佑しかり、彼らが困ったとき、みんな僕が助けてきたんですよ。誰も手を出さないような案件でも僕は手を差し伸べてやってきたのにもかかわらず、その彼らから一切の連絡はなかった。あとで聞くと、彼らは『あいつ（東谷氏）やばいな』などと周囲に言っているとも聞いた。あ、これはわざわざ忖度する必要はないな。全部、晒したろうと思ったんです」

――自分が犯したことの責任はどう考えているのか。

「もちろん元々の原因と言えば、自分にあると思います。元々は自分が変なことをしちゃった。もちろん自己責任だと重々わかっているのですが、ただどれだけ僕の自己責任だろうが何であろうが、僕が今まで彼らのケツを拭いてきたことを考えれば、電話の一本ぐらい、ラインの一本ぐらいできるやろうと思ったんです。それ（連絡）がなかった時点で、じゃあ僕が持っている財産はこれ（芸能人とのつながり）しかないから、これをお金に変えるしかないと。もちろん、僕は自分を正義の味方だと思っていないし、これが正しいとは思ってないです。でも総額3億円以上の借金を返すにあたって、普通のことをしたら返せない、どうしたら返せるかと考えたときにYouTubeが一番適していました」

——ギャンブル依存症だったということだが、いつから賭博にはまったのか。

「23〜24歳のころに初めてカジノを覚えて。30年近くたちますが、何度もこのギャンブル依存症で人生をつぶしかけてきました」

——海外の合法賭博から入ったのか。

「いえ、日本にある違法の、いわゆるアンダーグラウンドのバカラやマージャンです。きっかけは友達に東京・渋谷にあった違法のバカラカジノに『面白いよ』と連れて行かれたことです。当時の東京はパチンコ屋のごとく、あちこちに裏カジノがあって、現在よりもだいぶコンプライアンスが緩い時代だったので、大物芸人さんが遊んでいるのもよく見かけました」

——賭博の何が魅力だったのか。

「はらはらするのが好き。お金じゃないんです。ぎりぎりのラインが好きで、10代のときに走り屋のチームにも入っていた。命がけというのが止まらなくなる。サーフィンをしているのも同じ理由で、でかい波に乗っているときに『この波、いかれんのちゃうか』という波ほどいってしまう。ドキドキ感が常に人生にほしい。それが一番てっとりばやいのがカジノだった。大きな金額をかけているときに数秒で勝負が決まる。正直、その瞬間のドキドキ感に自分の中ではまっていたのだと思います」

――どれほどの頻度でいっていたのか。

「ひどいときは毎日、カジノに通っていました。（アパレル経営などで）お金を持てるようになってから、シンガポール、マカオ、フィリピン、韓国、ラスベガス、ロサンゼルス、オーストラリア。カジノのある国はほとんどいきました。（カジノでの使い込みで有名になった）大王製紙元経営者の井川意高さんとも海外のカジノで会ったことがあります。芸能人の友達ともいくし、一人でいくこともありました」

――金額は多かった？

「10万円張ってドキドキする人もいれば、１万円でドキドキする人もいるでしょうが、僕の場合は１００万円単位。１回に張った最大額では４００万円ぐらいです」

――ＢＴＳ詐欺疑惑を犯す直前の状況は？

「ギャンブル依存症に完全にどっぷりはまっていました。コロナ禍で芸能人の友達が外出禁止となり、出てこれなくなった。それで一人でカジノやマージャンにいくようになり、借金が膨らんでいった。友達といくときは、遊び感覚だから、そこまでのめり込むことはないのですが、近所のパチンコ屋にいくような感覚で毎日のようにいってましたね。コロナのせいだというつもりはないですけど、コロナがなかったらこうはならなかった可能性はある」

――なぜBTS詐欺をしたのか。

「ただたんにカジノをするお金が欲しかった。カジノ依存症末期で、10万円でも5万円でも欲しかったから。別に借金の取り立てがきてたというわけではないんです。返済できるとも思っていた。韓国の芸能界にも友達がいるので、実際にBTSとつながっているという友達も多かったので、本気出せばできないこともなかった。でも、それ以上にずっとカジノをやってしまった」

――ユーチューバーのヒカルさんに告発された件はどうか。

「ある仲介業者を通じて、ヒカルを使って企業案件（広告）を出したいという会社があるという話があった。僕自身、ヒカルには実際に会ったことがあった。もちろん仕事のオファーをかけるつもりだった。でも、オファーをかける前にクライアントからのお金を使い込んでしまった。ただ、いまはクライアントの男性には謝罪もして金銭的な問題も解決していま す」

――弁済のために、YouTubeで暴露する手法を選んだのはなぜか。

「ヒカルの（人をYouTube動画で告発する）やり方を見て、ほんまに人への攻撃としては最大限の攻撃やなと思った。数百万人の登録者数がいるユーチューバーに晒されると、いかにやばいかわかったし、何よりも人に早く伝わる。昨年12月にヒカルの動画が出たころ、東京の家などを引き払って、地元の兵庫に戻っていた。近所のコンビニを出たときに『おい詐欺師』と言われて、高校生みたいな子に後ろから蹴られるということもありました」

――ＢＴＳ詐欺のほうの被害弁済はどうなっているのか。

「被害者の方には本当に申し訳なく思っています。もちろん元々友達だったので、その友達に嘘をついてこういうことをしてしまったのはすごく反省しています。僕はそれをないがしろにして、逃げるという選択肢しかできなかったので、こういうかたちでしか弁済をする方法を思いつきませんでした。動画を配信し始めた後に、被害者からメッセージをもらいました。『ＹｏｕＴｕｂｅする暇があったらカネ返せ』だとか。もちろんその通りだと思っています。でも、結果として、ＹｏｕＴｕｂｅを始めたことで麻生泰先生を味方につけ、４０００万円を貸し付けてくれたことで弁済のめどがつきました。当初連絡がとれなかった被害者の方にも連絡をとれ、全員と示談の方向で弁済が進んでいます」

――被害届は結局、出されていなかった？

「僕が知る限りは警察に被害届を出そうとされた被害者が複数いました。しかし、警察は当初、受理しなかった。それで４月に弁済のめどがたってから示談を進めていた被害者の元に急に警察から連絡があり、被害届を出すように言われたらしいです。これは僕の弁済手続きを進めてくれている代理人弁護士が被害者の方から直接聞いたそうです。『弁済は受け取らないように』『ＹｏｕＴｕｂｅをやめさせる』という趣旨の警察側の発言もあったと聞いた。これは、納得できるものではなく、僕は自分の配信でも告発しました。警察が僕のＹｏｕＴｕｂｅを止める必要などないわけですから、僕が戦っている芸能事務所が裏で動き、警察を動かそうとしたのだと思っています」

――弁済が済んだとしても詐欺罪は告発・告訴の必要ない非親告罪でもあるので、警察が独自に捜査している可能性はある。出頭は考えなかったのか。

「当初、相談していた弁護士には出頭も選択肢の一つだと提案された。執行猶予になる可能性もあると。弁済については自己破産して弁済を免れる選択肢もあると提示された。一瞬揺らぎましたよ。もう出頭しようかなと。もし執行猶予つかなくても懲役3〜5年なら我慢しようかなと思った時期もあった。でも、刑務所に入ってしまったらお金はもう返せないなと思った。人様にも仲の良かったタレントにも迷惑をかけているのがわかっていたので、僕は返済したいんですと、弁護士に伝えました。これまで居場所を伏せていたのは、警察や反社に見つかってしまえば、もう返せなくなると思ったからです」

――詐欺容疑以外でも、芸能人に対する刑法の名誉毀損罪の適用も考えられる。あらためて聞くが、帰国して出頭する選択肢はないのか。

「一切ないですね。僕は日本よりも、海外に住みたいという志向が元々、強いんです。唯一心配なのは、親だけです。しいていうなら米国と韓国は大好きなので行きたいのですが、犯罪人の引き渡し条約を日本と結んでいるので、行けば拘束されて引き渡されるリスクがあると思っています。それぐらいの覚悟、二度と日本に戻れないぐらいの覚悟でYouTubeをやっています」

――暴露では、「飲みの場に誰がいて、後から誰々がきて」など、かなり事細かく説明しているが、それほど覚えているのはなぜか。

「僕は誰よりも記憶力がいい。ひとの名前はまず忘れない。何十年前のことでも。クレジットカードは3枚持っているが、カード番号は全部覚えていますし、よくかける電話番号とかも覚えている。あとはお酒を飲めないということもありますが、やはり能力だと思います」

――晒す晒さないの線引きは。ただたんに連絡を絶たれたからなのか。

「それはぜんぜん違う。私怨がまず一つですよ。おまえらのケツを拭いてやっていたのに、なに人のこと無視してんねんということ」

――友達だった芸能人のスキャンダルを暴露することへの罪悪感は？

「まったくない。毎回スイッチいれてやっている。罪悪感はないですよ。彼らもやったらあかんこと犯しているのだから。もう一つは、その芸能人の周りにいて被弾しているやつもいる。こちらには悪いなという気持ちはある。僕は外堀から埋めていくので、本人の奥さんとか子どもとか。それをやられたらみんな嫌がるから」

――悪い気持ちはあるが、それでも仕方ないと？

「悪いやつと一緒にいるのが悪いねんでと。どんな人間かわかっていて付き合っていただろ。だからこんな流れ弾も飛んでくるねんでと」

――芸能人もコンプライアンスがあるから連絡を絶っているのではないか。事務所に指示されて。それでも許せないのか。

「でもラインできますやん。メッセージできますやん。そいつらは、これまで事務所に黙って俺にいろいろと依頼してきた。中には事務所を通さないステマ広告とかの仕事を俺が回してあげて、儲けていたやつもいた。今度は事務所にいわれたから、連絡を絶つ。こんな筋道は通らない。それをできた人だけを僕は大事にしている」

――今後、名誉毀損など訴訟の可能性があると思うが。

「僕はもうこないんじゃないかと思っていますが、もしきたとしても無視できる。日本にいない人を訴えても何もとれないんじゃないですか。だから、海外に来ているわけで。それがたぶん向こう（攻めている相手）もわかっているので、やらないのだろうなと」

――芸能人らへの異性の世話をする「アテンド」はどうして始めることになった？　報酬をもらう「業」としてはやっていなかったと聞いたが。

「やろうと思って始めたわけではないんです。20代の若いころに最初は（交友のあった芸人の）紳助さん（島田紳助）やロンドンブーツ1号2号の淳（田村淳）と遊んでいるうちに知らんまに僕が女の子を呼ぶことになっただけで。みんなが楽しそうなので、いつも呼んでただけです。23歳ごろに淳と知り合ったことから芸能人との付き合いが始まりました」

――異性を芸能人に引き合わせるのが快感だったのか。

「いや、快感なんてないですよ。トラブルばっかり起こされるし。女の子のケツも拭かんとあかんし。ただたんに頼られるとあまりノーといえないから」

――自分の人脈作りにもつながると？

「そんなこと考えてない。ただ喜んでくれてるし、本当に頼まれたら嫌といえないだけ。ミーハー（有名人好き）でもないんで。ミーハーでもないから逆に仲良くなれる。みんな同じ人間ですもん。常に緊張感をもってリスペクトの気持ちで会っていたのは紳助さんぐらいで、あとは友達」

――では、そこまで仲良くない人でもアテンドしてきた？

「できることだったらやってあげるで、と言ってしまう。ポリシーではなく、そういう性格。若いころからそうでした」

——アテンドの世界とは。

「東京には山盛りいますね。地方にも芸能人の公演などに合わせて世話をする人がいる。僕は報酬をもらっていなかったけど、アテンドをする大半の人はみんな見返りを得ていますよ。金銭的にもそうですし、『アテンダー』（アテンドをする人）自身が女の子と関係を持つ場合もある。僕は基本的に女の子に手を出さない。女の子が芸能人とトラブルになったときも、自分がトラブル仲裁に対処できるように自分は負い目がないようにしていた」

——芸能人はあなたのことを「アテンダー」としてみていた？

「感触としては、僕のことをほんまの友達だと思っているのは3割ぐらい。あとの7割ぐらいは、僕をただのアテンダーとして利用していたと思う。それでも元々紹介してくれたやつが、ほんまの友達だから、そっちの顔を立てなきゃいけないので付き合ってきた」

——女性を紹介してもらいたいときしか連絡してこない芸能人も多かった？

「そんなやつらだらけです。だから、そんなやつを守る（暴露の対象にしない）必要はないということです。『きょう大阪いくから、女の子呼べないかな？』とか、そういう感じで連絡がきます」

——なかには女の子が嫌がるような芸能人と引き合わせることとも？

「ありましたが、女の子との信頼関係ができているので、相手が誰であろうときてくれます。『東さんが困っているなら』と来てくれる。そういう信用を得ていたのは、僕自身が女の子には基本的に手を出してこなかったからです」

——芸能人へのアテンドは必要だと考えているのか。

「芸能人だって息抜きは絶対に必要です。ただ、今の時代、芸能人が自力で異性をみつけようとすると、SNSなどですべて筒抜けになってしまい、窮屈になっている。週刊誌だけでなく、普通の一般人が目撃者となってパパラッチのようにSNSにあげてしまう。芸能人には仕事の調整をするマネジャーがつきますが、プライベートで安心して遊べるような『プライベートマネジャー』もまた必要です。それがアテンダーが存在する理由です」

——ガーシーCHをみた視聴者から新たな芸能人や企業経営者らのスキャンダルなどのタレコミ情報も寄せられているというが、どれほどなのか。

「SNSのダイレクトメールを通じて1日あたり500件ぐらいの情報提供があって、そのうち固そうな話は30件ぐらい。それが毎日のようにきます。裏取りができたものから、それらも暴露していくつもりです」

——ガーシーCHについて、「一人週刊誌状態」と指摘する声がある。

「マスコミは僕が暴露していることも、裏をとって確認したら報道できるのに報道していない。マスコミが真実を報道していないとみんな思っている。だから、僕のところに告発が集まってくる。僕が週刊誌などのマスコミができない役割を担っているという感覚はある」

――5月13日の配信では、俳優の綾野剛さんと未成年だった17歳のときに飲酒のうえ、性行為に及んだという元アイドルの女性が生出演した。未成年淫行の事実を訴える証言だった一方で、女性に実名・顔出しで出演させたことにリスクは感じなかったか。

「彼女にも確認しました。嫌だったらやめていいからと。強要はしていません。ただ彼女も理解してくれたのは、これ以上放置したら被害者が増える。一人の勇気のある人間がそれをすることで、他の芸能人の被害者の女性も声をあげると思う。必ずしも顔を出す必要はない」

――「ガーシーCH」への反響をどう捉えているのか。

「9割以上アンチになると思っていたのに、真逆になった。よっぽどみんな（視聴者）が芸能界も含めて、うっぷんや納得のいかないことがあったんだろうなと思っている。それを僕がつついたから、そこに同意してくれているんだろうなと。ただ、あくまで僕は正義の味方でもないので、納得いかないことはとことんやる。自分は悪党だと思っていますよ。ただそれも見る人の角度で変わってくるんだろうなとは思う。

僕をネタにして笑いをとるような芸人さんも増えていて、潮目が変わってきているのは感じる。紳助さんとは今も連絡をとっていますが、『ダークヒーローからヒーローになれる』『（ベテラン芸能リポーターの）井上公造さんが引退するから、そのポストを狙える』と言ってくれています」

――どのような逃亡生活を送ってきたのか。

「当初は大阪の西成などにもいました。所持金数千円とかで、コロナのせいで宿泊費は安くなっているので、1泊500円とか、高くても1000円とか1200円とかの宿に泊まっていた。お金なくなる前に、雪山いって酒飲んで雪の中に埋もれて死のうと思っていたけど、雪があると思った場所に行ったら雪がなかった。これじゃ死なれへんわとなって。近くのコンビニに寄ったときにWi‐Fiを拾ったら、親友からラインがきてて。『一回考え直せ』と。そこで、思いとどまらな、と思った。何よりも僕が30代の時に親父が自殺したときに母親の悲しみは尋常じゃなかったので、そのことも考えました」

――その後、海外に出たのは。

「昨年12月17日に警察から電話がかかってきた。電話には出なかったのですが、急いで弁護士に相談したら、万が一捕まって、執行猶予もつかなかったら懲役5年だと。もう50歳で、これから5年入ったら修正はきかないと思った。海外にいくことを決意しました。親戚から少しお金を借りて航空券を買って。で、こっち（海外）で声をかけてくれた友人に会ったら、また少しお金をくれた。でもそのお金を使うつもりもなく、安宿にとまってコンビーフとかの缶詰を食べて何とか食いつないでいました」

――そこからどうYouTubeの暴露につながるのか。

「正月が明ければ、芸能人の友達から連絡がくると待っていたんですが、結局連絡がきたのは数人。『ああ、こいつらもうええねんなと、俺のことをなき者にするんだな』と思った。それでドバイの友人とまた会って、生活費と住むところを貸して欲しいと話した。その代わり、友人の会社でアルバイトで働くからと、そしてYouTubeを始めるのでスタッフを紹介して欲しいと、その経費もYouTubeが収益化されるまでは貸して欲しいと。そしたら快く受け入れてくれた。年明けの1月5日からそこで仕事を始めて、その友人の会社の寮に入り、2月からYouTubeの配信を始めたんです」

――今後はどうするのか。

「ここから先、UAEにいるのか、もしくは違う国にいくのかは、いま精査しています。自分が守られて、仕事がしやすい環境にいたい。もちろん警察が百パーセント逮捕しないと明確にわかったら一回は帰りますよ。親に心配かけているし、被害者や迷惑をかけた友達に直接会って謝罪したいという気持ちはあるので。ただ、帰らせてもらえないでしょう」

2022年5月14日、インタビューに応じる

——NHK党から参院選比例での出馬を口説かれている。

「法的には日本にたとえ帰らなくても参院議員になれるということだった。いま戦っている芸能事務所が無視できない影響力がほしいので、正直ありだと思っている。ツイッターでアンケートをとったら出馬は賛成4割、反対6割。まだ可能性は50パーセントぐらいですが、近く結論を出そうと思っています」

ひがしたに・よしかず　1971年生まれ。兵庫県伊丹市出身。大阪で中古車の販売業などを手がけた後、芸能人の交友関係を広げ、20代半ばで東京に拠点を移した。バーやアパレル会社、芸能プロダクションなどを経営する一方で、芸能界の友人に異性を引き合わせる「アテンド」をしてきた。

（2022年5月中旬、UAEラスアルハイマなどで取材）

6

参院選出馬

ドバイの富裕層がこぞってヨットを停泊するマリーナ地区は焦熱の日ざしに照らされていた。気温41度。運河沿いに立つ東谷はあまりの暑さに顔をゆがめている。

白色の野球帽をかぶり、白Tシャツにハーフパンツ。いつもの東谷らしいラフなファッションだが、手に持つ黄色いものだけが場違いのように浮いて見えた。

「恥ずかしいから、肩にはこれ（タスキ）はかけたくないわ。手に持つだけでええでしょ」

黄色地に青色のNHK党カラーのタスキを手に持ち、取材撮影に応じている。この日は2022年6月22日、日本では参議院選挙の公示日。東谷は「ガーシー」としてNHK党から比例代表選挙で出馬したのだった。BTS詐欺疑惑の件で被害者全員に弁済を完了したことも後押しし、そのタイミングで、ドバイにいることも初めて公言していた。

NHK党は候補者に事務的な選挙支援は特にしないということで、選挙用のタスキなどは候補者の陣営が自ら準備する必要があった。このときも東谷のスタッフが日本の業者に発注し、公示日直前に航空便で何とかドバイまで届いていた。タスキの片面には「ガーシー」、もう片面には「東谷義和」。これは「ガーシー」という通称での出馬が選挙管理委員会に認められるのか、公示日までわからなかったからだが、蓋を開けてみれば、問題なく「ガーシー」で認められた。

前代未聞の海外からの国政選挙への出馬。東谷は取材を受けた現代ビジネスの配信記事で、こんな感想を語っている。

「少なくとも日本にいなくても、立候補して選挙活動できることが実証できる。もし当選できたら、あまり世界的にも例がないと思う。普通、海外にいながら議員になろうなんて人はいないでしょう」

密着取材を続けてきた私から見ても出馬は想定外だった。

ＮＨＫ党党首の立花孝志が東谷の人気ぶりに目をつけ、４月ごろからツイッターのダイレクトメールで出馬を説得しているのは東谷から聞かされていた。東谷自身の当初の口ぶりは笑い話のネタにする程度で、実際、立花には何度か、断りの返事をしていたという。まさか本気で出馬することになるとは本人も予想していなかっただろう。

何が東谷をその気にさせたのか。

5月30日にドバイからオンラインによる出馬会見に臨んだ東谷は、出馬した理由をわかりやすく三つに分けて説明している。

最初に言及したのは「カネ」だ。

「立花さんから話があって、僕が乗っかったのは、一つはおカネです。当選したらこれだけおカネが手に入りますよと。僕からしたら喉から手が出るほど欲しいおカネですよ。それで弁済がすべて終わるとしたら」

（2022年5月30日のオンライン出馬会見）

NHK党が当て込むのは政党助成金だ。支給要件は①国会議員5人以上②国会議員1人以上、かつ直近の衆院選または過去2回の衆院選で2パーセント以上の得票——のいずれかを満たすと交付される。東谷が当選し、政党としての得票率も2パーセント以上となれば、同党としては6年で12億円以上の政党助成金を受け取れる。NHK党は今回の参院選で全選挙区に候補者を立てる作戦に出たが、それも「より多く立候補する政党が、もうかるシステムになっている」と主張する立花の戦略に基づいている。実際、立花は当選したら3億円を支払うと東谷に約束していた。こうした好条件を出せるのも、政党助成金の収入を前提にしているからだ。

そして、二つ目は不逮捕特権。

「国会が開かれている間であれば、逮捕されない。母親に対して謝罪をしたい、（BTS詐欺疑惑などで）迷惑をかけた被害者の方々に直接会って謝罪したいという気持ちがあったので、不逮捕特権があるのであれば、堂々と胸を張って日本に帰りたい」（同前）

議員は国会会期中であれば、所属する議院の許諾がない限り、逮捕されないという不逮捕特権。BTS詐欺疑惑については43人の被害者とすでに示談を済ませていたが、詐欺罪は被害者の告訴が必ずしも必要のない非親告罪のため、警察が立件しようと思えば可能な状況にあった。単純に言えば「泥棒が盗んだものを返したとしても泥棒として捕まる」という理屈だ。

さらにガーシーCHでの芸能人らのスキャンダルの暴露に対して、当事者から告訴がなされれば刑法上の名誉毀損や脅迫などの容疑で立件される可能性もあった。不逮捕特権が使えるのであれば、より安全に帰国できるのではないかとの判断が働いていた。

そして、三つめが「影響力」だ。これが最終的な出馬の決め手になったのだと私は考えている。

2月17日のチャンネル開設後、破竹のような勢いで膨らんだガーシーCHのチャンネル登録者数は5月初旬に120万人を突破してから足踏み状態が続き、一時の勢いはしぼんでいた。

その一つの要因は芸能界側の反応にある。スキャンダルを暴露された芸能人や芸能事務所がほとんど何の対応も示さずに沈黙を貫き、そのためマスコミも裏付け取材が困難となり、結果的に暴露が「言いっ放し」になっていたからだ。

5月には、俳優の綾野剛による未成年淫行疑惑を配信。当時17歳だったという元NMB48の女性を実名・顔出しで配信に生出演させ、性的関係があったこと、綾野から事実上の「口止め工作」まであったことを証言させた。

何よりも当事者の肉声は重みを持つ。そして、ドバイまで呼び寄せて証言させるという、それまでの暴露とは一線を画す配信でもあった。配信後の東谷は手応えを感じたのか、私に「どうでした?」と感想を尋ねてくるなど、様子から「やってやった感」を漂わせていた。

ところが、蓋を開けてみれば、芸能事務所、本人だけでなく、大半のマスコミも後追い報道することとなく沈黙した。東谷が聞き及んだところでは、綾野は所属事務所のトライストーンに対して、「女性は当時すでに成人年齢である18歳になっていた」と主張し、トライストーン社長の山本又一朗は「剛を信じる」と問題を不問に付す判断をしたようだ。これに対しては、過去に未成年淫行で芸能活動の停止を余儀なくされた芸能人も多いだけに7年前の事件とはいえ、SNSなどではトライストーン側の対応に不満の声が上がった。しかし、新聞・テレビ・週刊誌などの既存メディアは「ガーシー暴露案件」であることから敬遠し、裏取りなどに走ることもなかった。東谷は腸《はらわた》が煮え返るような憤りを感じると同時に人気ユーチューバーでも限界があることを痛感したようだった。

一方で、ガーシーCHに対しては、政界や経済界に暴露の対象を広げる期待の声も高まっていた。攻撃していたトライストーン社長の山本が岸田文雄首相の側近である木原誠二官房副長官と面会していたことなどから、東谷は政界と芸能界の関係にも矛先を向けるようになっていた。

出馬会見では、こんな言い方をしていた。

「岸田総理だろうが蓮舫さんだろうが、他の議員さんだろうが、僕が同じ土俵に立ってその方々に物を申せるようになれば少しは国民の皆さんに声が届くんちゃうか」

これら三つの理由とも国会議員になる積極的な理由というよりも、議員になることで得られる副産物が目的だと公言しているのと同義だった。

これをあるべき政治家に求められる良心や倫理観、資質がないと批判するのか、打算や本音を包み隠さず語る姿勢を新しい政治家像ととらえるのか。このあたりも有権者の支持・不支持が完全に割れそうなポイントだった。

もちろん選挙公約がないわけではなかった。「芸能界をクリーンにする」と訴え、日本のエンターテインメント振興を掲げていた。この公約を掲げることで仮に議員に当選しても、芸能界の暴露を継続していくことの正当性が得られるという計算もそこにあったようだ。

参院選出馬にはこれまでガーシーを支持してきたファンの意見も割れた。東谷がツイッターでアンケートをとったところ、賛成が4割、反対が6割だった。強い発信力がある暴露系ユーチューバーとはいえ、詐欺疑惑などを抱えた状態で日本に帰国しないままの出馬は反発を呼ぶことは必至だとＮＨＫ党の立花も覚悟していたはずである。

5月下旬に東谷を口説き落としにドバイ入りした立花に対し、私は東谷を出馬させるリスクについて直接尋ねてみた。

立花の答えは率直だった。

「んーリスクですか、まあリスクはすべての候補者にあると思っています。いわゆる『BTS詐欺』については被害者への示談と弁済が終わっているというのもありますし、一度失敗した人にはセカンドチャンスを与えるべきだという考え方を私は持っているので。少なくともセカンドチャンスでがんばっているという人はたくさんいるでしょう。東谷さんの出馬にはリスクもあるけど、プラスの方が大きいと判断しています」

「一度失敗した者」に対する立花の言葉は4000万円を東谷に貸した麻生泰が口にしたものとよく似ていた。うかつに近づけば返り血を浴びるリスクがある東谷に対して何かをしようと思えば、意義付けがなされたストーリーが必要となる。それが「ガーシーの再起」というセカンドチャンスの物語なのだろう。

立花は続ける。

「週刊誌とかと違って、東谷さんは自分の五感で見て、感じたものを『暴露』として出している。私は彼の目とか喋りで信用した。その判断は動物的なところがある。多くの視聴者もそういうので判断しているんじゃないですかね」

たしかに、それはガーシーCHが伸びた一つの要因かもしれない。追い詰められた生き物が繰り出す起死回生の一手。多くは「私怨」からだという暴露は逆恨み的だと思えるところもあるし、とりわけ流れ弾で攻撃される人にとっては不条理でしかない。しかし、その狂気にも似た東谷の喋り、表情に切迫感を感じ、本能的に共鳴する視聴者がいる。そして、善良そうに見えた著名人の暗部を知る悦びとそれが晒される様子に一種のカタルシスを見出している。

かくして前代未聞の海外からの国政選挙への出馬となった東谷だが、実はドバイから出馬したのは彼一人だけではなかった。東谷の盟友で、長らく日本社会から姿を消していたある男も出馬することになったのである。

7

FC2創業者

ＮＨＫ党党首の立花孝志が東谷を参院選に出馬させるために初めてドバイを訪れ、ＹｏｕＴｕｂｅで東谷とのコラボ配信をするという日のことだった。東谷のアパートメントに向かうと、立花や配信を手伝うスタッフの他に、もう一人、見慣れぬ男性がいた。

体にピタリと密着するようなグレーのＴシャツに迷彩柄のスラックス。色白の顔に茶色のサングラスをかけ、サラリとした黒髪をなびかせる貴公子然とした佇まいはアーティストのＧＡＣＫＴに似ている。ソファに腰掛けて、東谷らが生配信する様子を見学していた。

「伊藤さん、紹介しますよ。高橋さんです」

配信前に東谷から引き合わされた。

「さてどこの高橋さん？」と思いながら、私が手早く名刺を差し出すと、男性も「ああ、あるかなあ」と財布の中を探して一枚の名刺を取り出した。それを一瞥し、私は一瞬固まってしまうほど驚いた。

アルミ製の特注品だと一目でわかるメタリックな名刺には、見覚えがある動画投稿サービス「ＦＣ２」の赤いユニコーンのロゴとともにこう記されていた。

〈代表取締役社長　高橋理洋〉（注：正確にはこの時すでに高橋はＦＣ２の役職を退任していたため、昔の名刺を便宜的に渡していた模様）

ＦＣ２の名は聞いた覚えがある人が多いのではないか。動画配信、特にアダルト動画でよく知られたサイトだ。そして、警察が動き、摘発された一連の事件で大きな打撃を受ける。

京都府警から２０１４年9月、ＦＣ２の関連会社「ホームページシステム」（以下、ホ社）に強制捜査が入る。続いて警視庁などが同年10月に動画投稿サイト「ＦＣ２」に人気ドラマやバラエティ番組を投稿したとして、著作権法違反（公衆送信権侵害）容疑でＦＣ２利用者の男16人を逮捕・書類送検。そして翌２０１５年4月には京都府警などがＦＣ２でわいせつな動画を配信した疑いなどで同社社長や元社長で高橋の弟を逮捕した。府警などの合同捜査本部はＦＣ２は米国企業だが、ホ社がＦＣ２の実質的な運営会社とみて、日本の国内法が適用可能と判断した。ＦＣ２側は「米国の法律に従っており、問題ない」などと最高裁まで無罪を求めて争ったが、懲役2年6ヵ月執行猶予4年、罰金２５０万円の有罪判決が確定した。

ＦＣ２に捜査のメスが入り、ネット界隈を中心に耳目を集めたが、弟らの逮捕だけでは幕引きにはならなかった。京都府警などは創業者である高橋に対しても逮捕状を取っていたからだ。しかし、高橋は当時、米ロサンゼルスに居住しており、逮捕状の報道が出されても帰国することはなかったため逮捕の見通しは立っていなかった。

罪名はわいせつ動画を配信したとする、わいせつ電磁的記録記録媒体陳列容疑。警察は日本の入国管理局と連携し、高橋の帰国するタイミングで空港などで身柄を拘束するための国際手配の一種である「国際海空港手配」の手続きを取っていた。

これらの事件は当時、大阪社会部で事件担当をしていた私にとっても記憶に残る事件だった。合同捜査本部の筆頭だった京都府警サイバー犯罪対策課は、全国の都道府県警の中でも世間に注目されるサイバー犯罪を次々に摘発することでよく知られていたこともある。さらには当時の記事で、「ＦＣ２米国法人創業者の男（41）の逮捕状を取った」「男は米国籍を取得し、長期間日本に戻っていないとされる」と書かれた一文が不思議と後々まで印象に残っていた。「創業者の男」の謎めいた記載が気になったのかもしれない。

その「創業者の男」がドバイで私の目の前にいた。一体なぜ、こんなところにいるのか。

事件前から米国に住んでいたため、すでに9年ほど日本には帰っていない計算になるはずだ。

聞けば、東谷とは、十数年前に共通の友人の紹介で、東谷がバーを経営していた大阪で出会って以来の仲だという。一連のFC2の事件が起きる前からの付き合いということになる。東谷はロスやハワイにある高橋の自宅や別荘に滞在したこともあり、同じくロスを拠点にする人気ロックバンドのONE OK ROCKのボーカルで歌手森進一の長男であるTAKAらとも共に遊ぶような関係になった。東谷がBTS詐欺疑惑などで追い詰められた際、自殺を仄めかすメールを送ったごく近しい友人のうちの一人に高橋もいた。

この日も、高橋は一時滞在していたバンコクから東谷に会うためにドバイを訪れていた。東谷に麻生泰を繋いだハワイ在住のコーディネーター山口晃平と高橋は親しく、山口もドバイ行きを強く勧めたようだ。高橋は東谷と再会を果たした後もロスやハワイに戻ることなく、レストラン崇寿が入るシーザーズパレスに長逗留を続け、東谷と行動を共にすることになる。

NHK党の立花もドバイで高橋に出会い、その人物や来歴に強い興味を覚えたようだ。東谷に続いて高橋にも参院選への出馬を打診し、東谷も強くプッシュしたことで、高橋も腹を固める。東谷もＢＴＳ詐欺疑惑などで警察からマークされていたと思われるが、実際に日本警察から国際手配されていた人物が国政選挙に出馬を表明するのは極めて異例なことだろう。

ＦＣ２の事件前から、経営者としてもほとんどメディアにも登場することなく、高橋は謎に包まれた人物だった。ここにきて突如として表舞台に登場する気になったのはなぜなのか。

シーザーズパレスに滞在していた高橋にインタビューを申し込むと、二つ返事で引き受けてくれた。ただし、本人は「口下手なので、きちんと答えられないかもしれない」ということで、メールで質問を送り、それに回答してもらった上で、直接会って補足的に質問するかたちをとった。

――なぜここにきて参院選出馬という大胆な行動をとったのか？

「２０１４年に警察がＦＣ２の捜査に入ってから抜け殻のようになり、長らくハワイなどで何となくボーっと生きてきたのですが、昨年、父親が急逝し、当たり前ですが、日本にいる母親もいつまでも生きられないと焦り始めました。それでドバイにいるガーシーさんのところに遊びにきたら、たまたまＮＨＫ党の立花さんがいて出馬を勧められたんです。ここで動くタイミングがきたのだと思いました」

――東谷氏との付き合いは。

「13年ぐらい前に友達から『凄い人がいる』と大阪で紹介されたのがきっかけです。当時からパワフルで面白い人でした。コミュ力が半端なくてどんな人ともすぐに友達になれますし、私とは正反対で、私にないものをすべて持っているので非常に魅力的に思います。何をしても優秀でそつなくこなすのに、ギャンブル依存という欠点を持っているのも人間味がある。まあ、本人はもう二度とやらないと言っていますし、絶対やってほしくないですが。いろいろ批判もされていますが、私にはいつも優しいお兄ちゃん的存在です」

――簡単に経歴を。

「大阪の茨木市の生まれです。父親は花屋を多店舗経営していました。私の幼いころは経営がうまくいかず、一家は極貧でした。自転車さえ買ってもらえず、私の自転車は祖母がゴミ捨て場で拾ってきたものでした。その後、父の事業は軌道に乗るのですが、私のほうは大阪の私立高校を卒業してからはしばらくスロットにばかり通う日々でした。そんな時、見かねた父から海外留学を提案されたんです。父の友人が米国にいまして、ロスのコミュニティ・カレッジに留学しました。成績はわりと良かったので卒業後はカリフォルニア大学ロサンゼルス校（ＵＣＬＡ）に転入するか起業するか迷ったのですが、勉強も死ぬほど必要だし、学費も高いので、起業を選択しました」

——米国で起業し、インターネットビジネスを選んだ理由は？

「当時の米国ではインターネットが非常に盛り上がり、たくさん関連のスタートアップが生まれていました。私は元々小学校のころからプログラミングが好きで、テトリスのような簡単なゲームを自分でつくったりしていたので、この道だと思った。いずれ帰国して家業を継ぐつもりでしたが、それができなくなったのでせめてと思いまして、社名は伏せますが、父の会社名の頭文字からＦＣ、そして『２代目』の意味で２を付け、ＦＣ２という社名にしました」

——起業当初はどんなかたちでビジネスを展開していた？

「弟とは兄弟仲が良かったので、手伝いにきてくれって感じで米国まできてもらいました。起業当初はコンピューターのサーバーを共有してユーザーに貸与するホスティングやドメインの販売を地道にやっていました。どこからも出資を受けられなかったため、１００パーセントオーナーでした。日銭を稼がないと倒産なので、思いつくことは法律を破らない範囲で工夫してやりましたね。そのうちに、無料ブログのサービスを始めると、それがヒットしました。それからＹｏｕＴｕｂｅが出てきたので、成人向けのアダルト動画も配信できるプラットフォームを出したら、人気が出そうだなと思いまして、それで２００４年に動画投稿サービスを始めました。売上はどんぶり勘定すぎて覚えてないのですが、一時は数百億円の内部留保ができるほど、もうかりました」

――２０１４～２０１５年、ＦＣ２は日本の関連会社を実質的な運営会社とみた京都府警に摘発され、弟さんたちが逮捕された。

「警察は日本の関連会社だった『ホームページシステム』（ホ社）に捜査に入りました。数多くのシステム開発を委託していたので打撃が大きかった。寝耳に水で何が起きたのかもよくわからなかった。弟たちの弁護は無罪請負人の弘中惇一郎弁護士らにお願いし、冤罪だと思っていたので最高裁まで争いましたが、どうにもならずあえなく有罪判決でした」

「米国籍を持つ妻（現在は離婚）と結婚しましたので米国籍も持っています。ＦＣ２も米国法人で米国の法律にのっとって厳格に運営していたので、わいせつな動画もその範囲であれば、問題ないものだと考えていましたし、その考えはいまも変わりません。警察はホ社を実質的な運営会社とみなしましたが、あくまでもシステムの開発委託先にすぎません」

「理不尽だと思うのは、弁護士たちが苦労して集めた証拠などはまったくとりあってもらえず、一方的な有罪判決だったと聞いていますので、完全に出来レースだったたなと思う点です。推定無罪の原則があるにもかかわらず、長期間勾留される点もおかしい。弟は保釈されるまで計46日間勾留されました。国連も指摘していますが、人権侵害、冤罪の温床となっています」

――「逃亡生活」は、どのようなものだったか。

「そもそも逮捕前からずっと米国のロスやハワイで生活していたので、『逃亡』ってわけじゃなく、以前と変わらず生活していましたよ。莫大な資産があってぜいたくな暮らしだと思われるかもしれませんが、幼少時の極貧生活が身にしみていて、浪費に罪悪感があって思い切ったことができません。今でも飛行機はエコノミーが多いですし、食事も高級店よりチェーン店が好きです。家族もいたので比較的大きめの自宅をロスに買いましたが、そこにはほとんど住まず、ハワイなどで気ままな一人暮らしをしていました」

――日本にどうにかして帰国しようと思ったことは？

「密入国を考えたこともありますよ。でも、これこそ本当の犯罪ですし、仮に日本に無事入国できたとしてもすぐに見つかって騒ぎになります。（米国籍があるので）米軍に入隊して軍人として入国するとか、外交官になって外交官パスポートで入国するとかも考えましたが、どれも現実的じゃなかった。つい先日は、中東の国の王女の愛人になってくれたら入国させてやるって話を持ちかけてくる人もいましたね。そんな冗談みたいな話もあります」

――日本警察から逮捕状が出ていたとはいえ、米国で平穏な生活を送っていたと。それを捨

FC2創業者の高橋理洋

てまで出馬を思い立った最終的な決め手は？

「日本に帰国すれば、冤罪だと思っている事件で逮捕状が出され、何年も留置所や刑務所に行くのは納得できないという思いがずっとありました。小さいころから万引き一つしたことがありません。そして、いま一番困っているのが母親に会えないということです。母親は病気で、飛行機に乗って米国には来れない。父親は再会できないいま、昨年亡くなりました。国会議員になれれば、会期中の不逮捕特権があります。すでに逮捕状が出ている場合は適用されない可能性が高いとも聞きましたが、少なくとも参院選に出馬することで議論を起こせるのではと考えました」

――議員に当選したら、どうするつもりか。

「選挙公約では『モザイクをぶっ壊す』と掲げています。立憲民主党が性行為を伴うＡＶを禁止する法案を検討と報道されていましたが、まったくもっておかしく、国際的に見てもアダルト動画のモザイク処理などをしているのは日本ぐらいです。日本のアダルト産業振興のためにもモザイク規制を撤廃させる必要があると思っています」

（2022年6月中旬、ドバイで取材）

8

朝日新聞の事なかれ主義

ＵＡＥ北部の都市ラスアルハイマのホテルで、東谷へのインタビューを終えた私は朝日新聞紙上やデジタル版でのインタビュー記事に仕上げるべく原稿を書き始めた。インタビュー直後、東京の国際報道部にいる担当デスクに東谷を取材していることを初めて告げると、ガーシーＣＨのＹｏｕＴｕｂｅ配信を見たことがあったようで最初は「おお、ガーシーですか」と興味を示してきた。芸能担当の編集委員らと連携するのもいいかもしれないといった話題にもなり、私は記事化に手応えを感じた。

一方で、注意するべきだと指摘されたのは、東谷の参院選出馬だった。選挙に出馬してしまえば、原則として候補者を公平に取り上げる必要が生じる。そのため、出馬表明の前に記事にした方がいいというアドバイスを担当デスクから受けた。そのため、急いでインタビューの核となる一問一答をまず仕上げ、初稿を送った。

ところが、掲載に前向きだと思っていたデスクから届いたのは、「東谷氏の一方的な言い分ばかりで載せられない」という返答だった。

納得ができなかった。私としてはBTS詐欺の疑惑部分やなぜ日本で出頭しなかったのかという点など、犯罪性が疑われる部分については東谷本人が嫌がる質問を重ねていた。その上で東谷の元には暴露のタレコミも多数寄せられ「一人週刊誌」との論評も出る状況について本人の認識を尋ねて一種のメディア論にも展開し、ジャーナリズムのバランスは維持していると自負していた。あくまでも「物議を醸している渦中の人物」として東谷を是々非々で取り上げる、その視点さえ守っていれば掲載は問題ないはずだと思ったのだ。

一問一答形式で当初原稿に仕上げたが、芸能界側や警察の捜査状況などの記載が必要であるならば、これから文化部や社会部と連携して取材すればそれでいいはずだった。また、百歩譲って新聞本体では難しいのであれば、ＡＥＲＡｄｏｔ．という朝日新聞出版の週刊誌系のオンラインメディアで掲載するのはどうか。そんな提案もしてみた。いったん保留とされたが、その後、返ってきたのはやはり「掲載不可」という答えだった。私は食い下がったが、結局その方針は最後まで覆らなかった。

誤解してほしくはないが、朝日新聞が東谷を取り上げたら、芸能界から圧力を受けかねないといった「忖度」が上司たちの間で働いたわけではないと思う。結局、納得できる理由は最後まで聞けなかったが、シンプルに「ガーシーを取り上げたら面倒そうだ」という程度のことだったのだろう、と私は推測している。紙の部数も年々激減している新聞メディアでは事なかれ主義がかつてなく蔓延している。以前はこうした案件こそ面白がり、ギリギリのところで調整しながら掲載してくれる上司がいたが、最近では少なくなったと感じていた。それだけ新聞はリスクを敬遠し、冒険しなくなった。そして、そうした環境で育った記者がデスクなどの中間管理職になり、経験不足から原稿をうまく捌《さば》けないという悪循環が起きていた。

翌日、私は掲載不可の結論に改めて抗議するとともに会社に退職願を出した。

２００８年に新卒で入社して以来、15年間、新聞記者として働いてきた。朝日に対して憂いはあっても恨みつらみはない。多くの上司や同僚には今も敬意を持っているし、愛着ある会社を離れるのは寂しさもある。

また、東谷への取材が退職のきっかけにはなったが、それだけが理由ではない。元々から40代前半までに作家として独立したいと考えてはいた。リスクをとる取材を続けたいなら、やはりフリーランスとなり、できる限り自ら責任を取るのがベターだ。その時期がきたのだと考えた。朝日では経営悪化から取材網の見直しの一環でドバイ支局は8月末で閉鎖されることに決まっていた。そのため、私は、ちょうど数日前に9月1日付でのドバイからエジプト・カイロへの異動の本人内示を言い渡されたばかりだったが、それは辞退することになった。

「なんでですか、新聞記者を辞める必要はないでしょ」

記事が掲載見送りになったこと、そして退職する意向を、東谷に電話で報告すると驚かれ、そう言われた。

たしかに今回のことだけを見ればその通りだ。しかし、これまでも納得できないリスク判断で記事が出せないことが繰り返されてきた。特に私はグレーゾーンの人々への取材が自分のミッションだと考えてきた。朝日に残っても今後も「危ない」と判断されて書きたい記事が出せない場面が多いだろう。それならば、このタイミングで独立しようと考えた、という趣旨の説明をした。

どうやら東谷は、朝日が芸能界側に屈したのではないかと推測しているようだった。そのため、私は「芸能界への忖度ではないと思います。その前段階として、東谷さんを載せれば、いろいろ面倒なことになりかねないというぐらいの判断だったと考えていますが、正直真意はわかりません」と返答した。東谷の感情を害すれば、朝日にずっと取材に応じてきたのに掲載されなかったとして「暴露」対象になる可能性もあったと思う。だから、少し慎重な言い回しにしたつもりだった。東谷は当然不満を感じていたと思うが、退職前のゴタゴタにはしたくなかったため、すぐには矛を振り上げず理性的に対応してくれたことには安堵した。

私はその電話で、独立してからも東谷の取材を続け、「ガーシーCHの裏側」をいずれ本にしたいと告げた。東谷は「別にええけど」と笑いながら答えた。自分への取材がきっかけで記者が退職までした。その展開がある意味で彼には面白いのだろう、と思った。

一方で、会社を辞める決断をして身の振り方を思案してみると、当面の間、ドバイに残って文筆業を続けていくという選択はあながち間違っていないという考えが浮かんだ。可能性を感じたのは、UAEという国が持つ、ある種、善悪を超えた「懐の深さ」ともいうべきものだ。

東谷を持ち出すまでもなく、UAEは世界中からある種のグレーゾーンにいる人々を引きつけている。

まず政治亡命者の多さは有名だ。

最近では、アフガニスタンのガニ元大統領がよく知られている。2021年8月にイスラム主義勢力タリバンが首都カブールを陥落させ、政府機能を奪取すると、ガニ氏は家族と共にＵＡＥの首都アブダビに亡命した。このほか、名が通った人物だけでも、スペイン国王だったファン・カルロス１世、パキスタンのムシャラフ元大統領、タイのタクシン元首相、インラック元首相の兄妹もアブダビやドバイで事実上の亡命生活を続けているとされる（ムシャラフ氏は23年2月にドバイの病院で死去）。みな母国に戻れば、過去の汚職などで刑事訴追を受ける可能性があると取り沙汰されている。こうした亡命者は、小国の元首脳や国会議員レベルも含めれば数えきれないほどいるのが実情だった。

経済人も多い。例えば、ロシア発のメッセージアプリ・テレグラム創業者で「ロシアのマーク・ザッカーバーグ」の異名を持つパベル・ドゥロフ氏もプーチン政権と距離を置いたとされ、拠点をドバイに移している。ロシアのウクライナ侵攻後には経済制裁逃れで欧州に持っていたスーパーヨットなどの資産をＵＡＥに移動させたり、ドバイの高級レジデンスを購入したりしているロシア人富豪（オリガルヒ）も複数いると報道されている。

なぜＵＡＥを選ぶのか。それは、この国であれば欧米と遜色ない先進国の暮らしが享受できるという側面のほか、米国、中国、ロシアといった大国とそれぞれ良好な関係を持つ全方位外交を基本にしており、国際政治で中立的な立ち位置を確立していることが大きい。２０２０年夏にはトランプ米政権の仲介で長らく敵対していたイスラエルと電撃的に国交を開くなど、経済実利を優先するお国柄でもある。ただでさえ約２００の国籍の人々が暮らすとされ、外国人を受け入れることが国家の生存戦略の「一丁目一番地」になっている。「寛容」を国是とし、寛容担当大臣という大臣職もつくっているほどだ。

近年では、暗号資産ビジネスの事業者も続々と拠点をUAEに移している。国が積極的に受け入れ策をつくり、暗号資産ビジネスを展開する企業のために複数のフリーゾーン（経済特区）が整備され、バイビットやCrypto.com、バイナンス、FTXなどの大手暗号資産取引所も相次いで事業拠点をドバイに設けている。やはりフリーゾーンに限れば、所得税や法人税の負担が必要ないタックスヘイブンであるという魅力から、日本からも多くの暗号資産関連の起業家が移住し始めており、その中には資金調達だけを目的とした未上場の暗号資産で、最後まで上場することなく、調達できた資金だけを持ち逃げするような詐欺コインの事業者も流入していると指摘されているのもまた事実だった。

いわゆるインターポールを通じて国際手配されているような「お尋ね者」も含めて、グレーな人々が多く移り住んでいるとの欧米メディアの報道もある。特派員としてすでに2年近く駐在していた国だが、フリーランスの作家として独立すべく見直すと、光と影が交錯する底知れぬ何かを抱える、話題が尽きそうにない国だと改めて気づいた。

退職を東谷に伝えた夜のことだった。

東谷とドバイの日本料理店で食事をすることになった。

その場にはＦＣ２創業者の高橋らも同席していたが、この場にもう一人、興味深い男がいた。かつてはネオヒルズ族として名を上げたが、最近は暗号資産ビジネスを手がけているという人物。久積篤史、それが彼の名だった。

9

元ネオヒルズ族

ドバイにはエジプトのピラミッド型の建築で有名な五つ星ホテルがある。「ラッフルズ・ドバイ」。ここの最上階17階に日本料理店「TOMO（友）」は入っている。

日本人シェフらによる本格的な寿司などのメニューのほか、豚肉食を禁じるイスラム教国にあって豚肉を調理・提供できる特別なライセンスも取得し、豚カツや豚の角煮なども食べられるとあって、日本人駐在員らが好んで利用する人気店だ。黒を基調にしたシックな雰囲気の店内。レストラン中央付近の席に東谷、高橋、久積、私の4人で座り、各々が食べたいものを注文して食事が来るのを雑談しながら待っていた時だ。

東谷が突然、声を上げた。

「ん、李からや。うわっ、俺ら撮られてるわ」

東谷のスマートフォンに届いたのは、Z李からのメッセージだった。Z李は東谷のBTS詐欺疑惑をツイッターで暴露した人物だが、東谷が暴露系ユーチューバーになり、被害者に弁済を約束すると、一転して東谷と友好的な関係になっていた。

添付された画像を見せられ、私も息をのんだ。画像にはTOMOのテーブルに座る私たち4人が映り込んでいた。何者かがTOMOで東谷らに気づき、隠し撮りして、それを拡散させたのだ。それが回りまわってZ李の元にも届いたということのようだ。どういう経緯だったのか詳細は不明だが、Z李は価値のある情報は買い取ることがあるため、目撃者はその報酬目当てで提供したのかもしれなかった。

一番大きなリアクションをしたのが久積だった。

「怖っ！　まじすか、いま誰かが撮って送ったってことでしょ」

4人で一斉に店内を見渡した。撮影者と思しきものがいないか。他のテーブルにも日本人はたくさんいるが、誰が撮影したかまではやはりわからない。

久積は食事中も白い野球帽を取らずにかぶったままだった。ドバイという海外にいるとはいえ、ここは日本料理店であるということもあり、周囲を警戒している様子がよく伝わってきた。

食後にガーシーCHの配信スタッフらも合流し、お酒が飲める海辺のバーに向かう道中でのことだ。東谷がつぶやいた。

「俺ら、みんな日本に帰れないやつばっかりやな」

自嘲混じりの言葉。内容は深刻なのだが、東谷がさも愉快そうに話すので、高橋も、そして久積もつられて笑っていた。

久積に対しては、この当時、手がけた暗号資産ビジネスをめぐって日本警察が動いているのではないか、と囁かれていた。

特定の界隈では名の知られた人物だ。久積本人の公式アメーバブログには経歴として次のような記載がある。

〈久積篤史 (Atsushi Hisatsumi、1984年5月30日—) は、日本の起業家、与沢翼らとともにネオヒルズ族を自称していた。2013年にインフルエンサーマーケティングを逸早く提唱し、一般社団法人日本インフルエンサー協会を設立。世界一のインフルエンサーアプリをつくるために米国法人エクストラバガンザインターナショナルを創業、米クリプトナイトベンチャーズの創設メンバー。

血液型はAB型、出生は徳島県。青色発光LEDを製品化した日亜化学工業創業者小川信雄(旧姓：久積信雄) の家系に生まれる〉

一見きらびやかに見える経歴だが、過去の本人が出演したYouTube動画などでは決してそうではない過去も口にしていた。

最終学歴は愛知県内の中学卒業。家庭環境に恵まれず、両親が離婚再婚などを繰り返していた。ライブドアの堀江貴文やサイバーエージェントの藤田晋らに憧れを抱いて上京。金がなく、漫画喫茶に寝泊まりしながら、尊敬する経営者に手当たり次第にメールなどを送ったところ、ただ一人返事をくれたのが「秒速で1億稼ぐ男」と呼ばれた与沢翼だった。

情報商材で頭角を現した与沢に師事するかたちで、「久積篤史のコンサルタント養成塾」といった同様のビジネスでアフィリエイトなどの金儲けを指南し、「SNSで年収2億」をキャッチフレーズに知名度を上げていく。与沢同様にバラエティ番組などにも多く出演した。しかし、提供サービスの内容をめぐって苦情が寄せられ、「情報商材詐欺」として被害者の会などが立ち上げられる事態に発展した。

その後は情報商材の世界に見切りをつけ、暗号資産ビジネスに光明を見出したようだ。先ほどのアメブロプロフィールの続きにはこうある。

〈2017年「ネオヒルズ族のなかにも本物の起業家がいた」ということを証明するため一人決起。2018年にブロックチェーン関連事業を立ち上げ、諮問委員会に米コンピュータセキュリティ会社McAfee創業者ジョン・マカフィー、米TechCrunch共同創設者キース・ティアア、米ＲｅｄＨｅｒｒｉｎｇ創設者でシリコンバレーバンク共同創設者、ジョージ・Ｗ・ブッシュ大統領の情報技術諮問委員を歴任したアンソニー・パーキンスが就任。イニシャル・コイン・オファリングでは約40億円の資金調達を成功させた。

２０１８年に米フォーブス誌の記事で「２０１８年に注目すべき10の新しいブロックチェーン企業」に選ばれ、２０１９年に米レッドヘリング社による「２０１９ ＲｅｄＨｅｒｒｉｎｇ Ａｓｉａ Ｔｏｐ １００」を受賞。暗号資産関連業者としては日本人初の快挙と自賛した〉

暗号資産の世界で華々しい成果を上げた、ということだろうか。しかし、その後、トラブルが発生したのか、２０２２年3月8日、関東財務局は久積に対して、名指しで警告を発している。

〈無登録で暗号資産交換業を行う者について、事務ガイドライン第三分冊：金融会社関係16．暗号資産交換業者関係Ⅲ‐1‐6（２）２に基づき、本日、警告を行いましたので、下記のとおり公表いたします。

業者名等　久積篤史

所在地又は住所　東京都港区六本木3丁目7番1号3901号室
内容等　SNS等を通じて、暗号資産交換業を行っていたもの。
備考「CHIP　SWAP」と称する専用サイトなどを通じて暗号資産を販売しているほか、「エクストラバガンザインターナショナル株式会社」の商号を用いて取引しているとの情報が寄せられている〉

PATRON、CHIP、BADGEといった銘柄の暗号資産のプロジェクトについて久積は主導あるいは関与した。一プロジェクトにつき多くて40億円、少なくとも8億円ほどの資金調達を成功させたらしいが、その後、さまざまな理由でコイン価格が暴落し、損失を出す人が続出していた。三つのコインの経緯や結末は大筋では似通っており、このうちCHIPとBADGEに関しては「詐欺コインだった」などとして投資家たちによる被害者の会などが立ち上げられていた。

東谷を取材するならば、私は周辺にいる人々についても取り上げていきたいと考えていた。そうした久積のネット情報を目にし、この辺りもいつか話を聞きたいと思った。

TOMOでの食事から1週間ほど後のことだ。

レストラン崇寿に向かうと、ちょうど開かれていたのが久積の誕生日会だった。東谷は親しい友人らの誕生日を大切にしているようで、たとえ少人数でも祝いの席を設ける。

テラスにある10人ほどの席の中央で、アディダスの白い野球帽、白い半袖のスポーツシャツというラフな格好の久積がいた。日付が変わるタイミングで、特注のバースデーケーキが運ばれ、友人たちが次々に誕生日プレゼントを渡していく。久積が感極まったように右手で目元を押さえた。

「やばい。ちょっと待って」

そして、絞り出すようにこう続けた。

「……本当にドバイにきてよかった」

その言葉には実感がこもっているように私には聞こえた。

久積がドバイにやってきたのは2021年12月初旬。東谷がドバイにやってくる2週間前のことだった。呼び寄せたのは東谷の場合と同じ友人Aだ。久積が暗号資産プロジェクトのCHIPで失敗し、「さすがに今回は警察が動くんじゃないか」と思った矢先、相談したAから「それならドバイに来たらいいじゃないですか。やり直しましょう」と声をかけられたのだという。東谷と久積は同じ時期に追い詰められてドバイ入りし、Aの世話になったという点で、「同期」と呼び合う関係になったという。

久積と私はその後、2人で食事をしたことがある。ドバイのイタリアンレストランでランチをとりながら彼の生い立ちなどを一から聞いた。

幼いころ、父親と母親が離婚したため、母親側に引き取られて愛知で育ったこと。中学卒業後、不良グループに入り、荒れていた時期があったこと。その後、一旦は徳島にいた父親が仕事などの面倒をみることになり、回転寿司店で働くなどしたが、堀江や藤田らITで世を席巻したヒルズ族のようになりたいという夢を捨てきれずに上京したこと……。

少年時代の悪行も率直に話してくれたので、肝心の話も尋ねてみた。特に被害者の会があるCHIP、BADGE、いずれもプロジェクトは最終的に頓挫したが、それは確信犯的だったのか。

私の質問に久積はこう答えた。

「(暗号資産ビジネスは)成功すれば100億とか200億円とかになるビジネスですよ。そこには夢がある。そんな中途半端に終わらせるつもりはなかったけど、うまくいかなかった。特にBADGEはある別の暗号資産プロジェクトをやっている投資家の妨害に遭ったりして上場が頓挫してしまった」

たしかに暗号資産の世界では雨後の筍のようにコインが生まれているが、長期間、成功しているのは一握りだ。その主張自体はわからなくはないが、同じようなことを繰り返している点は腑に落ちなかった。

会話の延長で、有名な情報商材系の私塾ビジネスを展開する日本人の名前が出た時、「あの人は結構まじめにやっている」と久積は言った。思わず私は「そのまじめ、まじめじゃない、の線引きがよくわからない。たとえばＢＡＤＧＥのプロジェクトはどっちだったのよ？」などと質問した。だが、久積は笑うだけで何も言わなかった。

東谷を取り上げた本で、久積についても言及することを本人に伝えた。すると、「東さんのためだったら協力しますよ」とＯＫしてくれた。

しかし、別日にあらためてインタビューをしようとしたが、連絡がつかなくなった。その後も本人のＳＮＳにはときどき投稿がなされるが、ビジネスや居所には直接関係ないことばかりだった。

周囲の人間に聞いてみたが、東南アジアに行ったらしいとか、警察の目をかいくぐり日本に帰ったとか、どこかに入院しているとか、幾つかの情報が錯綜して、はっきりしたことはわからなくなった。

周囲の一人は「東さんが暴露系ユーチューバーとして有名になってしまったので、近くにいて迷惑になってはいけないと離れたのだと思う」と推測していた。

久積を暗号資産詐欺の首謀者の一人だとし、刑事告訴などの動きがあることは私も承知している。それに対しては久積もツイッターで「(BADGEの)上場を妨害された」などと反論しているが、久積には対応できることはきちんと対応して欲しいと思う。

一方、東谷が久積らの暗号資産ビジネスに関わっていないか、私は何度となく取材したが、その形跡は見当たらなかった。ガーシーCHが爆発的に視聴者を増やした当初こそ、ガーシー人気を当てにした暗号資産「ガーシーコイン」を発行するアイデアが出されたことはあったが、その後、立ち消えになっていた。それでも、東谷が暗号資産ビジネスに関与しているかのようにSNSなどで流布される動きがあり、東谷が激怒したこともあったという。身を削って芸能人暴露を始め、YouTubeでの広告収益を得られる見通しになった東谷としては、余計なとばっちりを受けたくないと考えたようだ。

ただ、東谷はそうしたドバイでどん底の時に出会った、暗号資産に関わる複数の人間との関係をただちに切るわけでもなかった。久積の誕生日の時にも、東谷が少し神経質なところがある久積に対し、「あつし君、あまり抱え込んじゃダメですよ」などと声をかけ、気遣っている場面を私は目撃した。

観察していて一つ気づくのは、東谷はFC2高橋に対してもそうだが、何らかの犯罪に手を染めた者やその嫌疑がかけられているもの、あるいはヤクザや半グレなど、社会のグレーな領域に身を置く人物であっても、それだけの事実ではただちに拒否感を示したりはしないということだった。

「たとえば、小さいころからの自分の親友がヤクザになった。それで友達をやめるのか、それはおかしいやろっていうことですよ。友達は友達だから」

東谷は口癖のようにそう語っていた。東谷が芸能界で最も敬愛する島田紳助は東谷の父親が自殺した時、葬儀に駆けつけてくれた。しかし、島田は暴力団との交際が原因となり、2011年に芸能界の完全引退を余儀なくされた。日本では、暴力団対策法や暴力団排除条例などでヤクザへの締め付けは強まり、一般人であれ芸能人であれ、ヤクザと関わることはアウトな世の中になった。

東谷は「引退せないかんぐらいのことなんか」と、島田に引退を迫ったコンプライアンス（法令遵守）ばかりを求める社会を「窮屈」ととらえ、いまも疑念を抱いている。

久積に対してもそうだった。むしろ暗号資産ビジネスで日本警察や関東財務局などにマークされている久積とBTS詐欺疑惑などで身を滅ぼした自らを重ね合わせ、共感に近い感覚を覚えている。そう解釈すると、ストンと腹に落ちる気がした。

10

ガーシー議員の誕生

少し遅れて臨時の「ドバイ選挙本部」に到着すると、すでに30人ほどが集まっていた。

7月10日、参院選の投開票日を迎えていた。日本時間の夜8時、ドバイ時間では午後3時からの開票速報を見守るため、ガーシー陣営が集まったのは、ドバイの運河沿いにある高級レジデンスの一室。ベランダからは世界一の高さのビル、ブルジュ・ハリファが間近に見渡せる。じつはドバイに東谷を呼び寄せた友人Aの邸宅だった。

そこにはバラエティーに富んだ東谷らの友人たちが顔を揃えていた。

最も場を盛り上げていたのは東南アジアを拠点に活動する人気ユーチューバー「ＲｅｐｅｚｅｎＦｏｘｘ（レペゼンフォックス）」だ。ＤＪ社長、ＤＪふぉい、ＤＪまるのメンバー3人がＦＣ2創業者の高橋と以前から交友があった関係で、投票日前日にドバイ入りし、東谷とコラボ配信をしていた。若者に絶大な人気があるレペゼンファンの有権者を選挙に向かわせ、東谷への一票につなげたいという期待も当然あった。

ソファには高橋が座っていた。人並みはずれて健康や美容に気を遣う高橋は日中に外出する際は、必ず紫外線対策のため、かつて婦人がよく着用していた黒いサンバイザーを着ける。この日も、室内だったが窓から差し込んでくる日差しを嫌い、サンバイザーは手放せないようだった。

久積もきていた。この日も室内で白い野球帽を被り、あまり目立たないように部屋の隅の方に座っていた。ガーシーCHの配信を手伝ってきたスタッフ数人のほか、東谷の古い友人でタレント小倉優子の元夫のカリスマ美容師、通称「きくりん」こと菊地勲も日本から駆けつけていた。

レストラン崇寿からはシェフやサーバーが出張して料理を振る舞い、選挙本部というよりはさながらパーティーのような雰囲気に包まれていた。

この日の主役である東谷は白いTシャツとブルージーンズという相変わらずラフな格好で現れた。かなり疲れが溜まっているようで、眠たそうに目をしばしばさせている。

海外からの前例のない選挙戦は予想されたようにオンラインを駆使したものになった。東京、大阪、福岡などにNHK党の立花が選挙カーを走らせ、ドバイの東谷と結んでリモート演説をした。

東谷は呼びかけた。

「悪党どもを弾きださな、日本は変わらんよ。俺は絶対やったろうと思っている」

「俺は口も悪くて年配の方はこいつなんやねんと思うかもしれへんけど、敬語つかっておべんちゃら使っている政治家より絶対にまし」

（リモート街頭演説で）

SNS上では、支持者が期日前投票で「ガーシー」と書いた投票用紙の画像とともに「#ガーシーに一票」と投稿する動きも拡散した。

一方、ガーシーCHの配信も続けた。選挙期間中に意図的に強い暴露を繰り出すことで注目を集め、投票を促す作戦だった。

立花が「ぜひ大きな爆弾を」と強く求めたこともあり、東谷は狙いを経済界の大物に定める。それが楽天グループ会長の三木谷浩史だった。

三木谷が日本にいるウクライナ人女性らを招いたパーティーをロシアによるウクライナ侵攻の最中に開いていたことを東谷は当初インスタグラム配信で暴露。当初はM社長とぼかしていたが、三木谷が自らのツイッターで「何が言いたいの？　ウクライナの人が戦争で苦しんでる時に、戦争を忘れてあげようと思ってパーティしちゃいけないの？　ハイエナか、お前は。」（原文ママ）と反応したことで、「認めている」と大騒ぎに発展した。

因果関係ははっきりしないが、その後に東谷のYouTubeの複数の動画が強制削除される事態となり、三木谷の影響力ではないかという憶測が飛び交った（選挙後にガーシーCH自体とツイッターが完全凍結）。

結果として、東谷がこれまで暴露対象ではなかった経済界の大物を標的にしたことで、参議院議員になれば政界や経済界の暴露をしてくれるのではという期待感につながった。しかし一方で、ＹｏｕＴｕｂｅという自らのレゾンデートル（存在理由）とも言える最大の武器を奪われ、東谷も深手を負った。インスタグラムやＴｉｋＴｏｋといった別のＳＮＳに加え、既存ＳＮＳでは暴露できないネタを扱うプラットフォームとして自前で開発中だったオンラインサロンに主戦場を急きょ切り替えざるをえなくなっていた。

日本時間午後8時に開票速報が始まってもすぐにはＮＨＫ党に議席はつかず、ドバイ勢は固唾を呑んで結果を待った。下馬評では、東谷の1議席はほぼ固そうだという情報は出ていたが、間違いないとは言えず、楽観視できない状況だった。

ＮＨＫ党としての得票率が全体の2パーセントを上回れば、最も個人票も集めるであろう東谷が間違いなく当選するというのはわかっていた。ＮＨＫ党の議席に1が表示されれば、それは東谷の当選を意味した。しかし、選挙報道が伝える得票率は1・85パーセント、1・87パーセントなどと非常にゆっくりしたペースでしか得票率が伸びず、なかなかＮＨ

K党に議席1が表示されることはなかった。

何とか当落の見通しが早くわからないか。私はダメもとで東京にいる知り合いの記者にメールして聞いてみたが、「ガーシーは比例だから（日本時間の）未明までは確実に時間がかかると思う」という返答だった。長丁場になるな、と覚悟した。

ずっとスマートフォンでこまめに各社の選挙報道をチェックし続け、東谷以上にやきもきしているように見えたのは高橋だ。

自らの当選は最初から諦めているようだったが、「ほんまいい加減に早よ出てくれよなあ」などと、ぶつぶつ呟きながら東谷の当選を待っていた。高橋にとってガーシー当選はまさに「自分事」だった。東谷の再起と日本警察に追われる身となって帰国できないままの自らを重ねていたのだろう。実際、高橋も東谷の強い勧めで参院選直前に自らのYｏuTubeチャンネル「FC2元社長　高橋理洋」を開設し、警察にFC2が摘発されてから「抜け殻のようになっていた」という生き方を一変させ、闘う姿勢を鮮明にするようになっていた。

日本時間11日午前1時31分、私は東京の先輩記者から「NHK党に1議席ついた」と連絡を受けた。確認すると朝日新聞デジタルの速報が最も早く、「N党のガーシー氏当選確実」

と伝えていた。

「当確」がついた速報を見た東谷は、「ほんまや、ついてる！」と心から安堵したような声を上げた。ＮＨＫもそれほど間を置かずに当確を打ち、会場は喜びに包まれた。レペゼンメンバーらが熱狂したように「ヨッシャー」「初めて選挙で興奮した！」などと叫んでいる。

得票は28万7714票。史上初のユーチューバーを主たる職業とする者が国会議員に当選した瞬間ともいうことができた。

東谷はすぐに立花らがいる東京のＮＨＫ党の選挙陣営とオンライン中継を繋いだ。興奮を隠しきれない様子でまくしたてる。

「(当選の一報で)目が一気に覚めた。疑心暗鬼の中、立花さんについてよかったと今では思っています。視聴者や（ＳＮＳの）フォロワーが俺のことを押し上げてくれた。みんな見といてください。国会で寝ているオッサン議員、全員叩き起こします。戦々恐々、いろんな企業家や芸能人の方々、覚悟しといてください。こんなやつを議員にして後悔しないでくださいよ」

高橋が当選祝いの花束を東谷に手渡す。

続いて皆で万歳三唱し、記念撮影をすることになった。

「顔出しできる人だけ前に出てください」

そんな呼びかけがあったのも、久積ら顔出しが難しい人々が複数いたからだ。結局、高橋やレペゼンメンバー、菊地らが前に出た。


東谷をドバイに呼んだ友人Aも写らなかった。

私がこの日、開票速報を見守りながら最も長く会話していたのは実はAだった。そして、話を聞きながら、やはりガーシーCH誕生のキーマンはAだと確信していた。近いうちAと向き合う必要がある、と強く思った。

「今度、時間を作ってほしい。あなたをインタビューしないと、僕はガーシーCHの真相を本に書けそうにない」

私がそう申し込むと、Aは予期していたように余裕のある口調でこう返した。

「はい、ぜんぜんいいですよ。別に何も隠すことはないですから」

11

黒幕A

Aとのインタビュー場所に指定されたのは、やはりというべきか、レストラン崇寿だった。麻生泰、立花孝志ら日本からの来客がある時、東谷は決まって崇寿で食事をしていた。東谷もアルバイトをしていた店でもあり、高級ホテルの地上階にあることでセキュリティ面でも安心感があったし、崇寿は高級店のためUAE在住の日本人がそれほど利用せず、人目をあまり気にしなくて良いという面もあった。

約束の夜8時に向かうと、日本からAに会いに来たという男性が先に来ていた。Aから紹介されて名刺を交換したが、ある現役の議員だった。Aには政界から経済界、芸能界まで多くの知己がいると以前から聞いていたが、その一端を見た気がした。

ここでAの正体を明かしたい。

秋田新太郎、というのが彼の名だ。

大阪・東大阪市出身の37歳。

幼少時から学業は優秀で、大阪屈指の進学校・大阪府立高津高に進学した。ラグビー部に所属し、大阪代表にも選出されるなど活躍。将来を嘱望されていたが、学生時代からトラブルも多かった。進学校である高津高では起きることのない暴力事件を起こし、相手を血まみれにし無期限の停学処分を受け、警察に逮捕されたこともあった。

その際は少年院には入らずに済んだが鑑別所へ送られ、進学は断念せざるをえなくなった。代わりに就職したのが長者番付の常連となった重田康光が創業した光通信グループの大手上場企業だった。電話でのアポイント取りから営業のイロハを叩き込まれると、営業マンとして才を発揮し始める。

新規事業として始まったオール電化商品、太陽光発電事業では営業トップの成績を誇り、住宅機器販売のデジコムに引き抜かれた。200人ほどいる社員の中で瞬く間に営業成績トップに上り詰め、統括部長として組織を牽引した。しかし、デジコムの社長と幹部社員が暴力団絡みの地方銀行からの不正融資容疑で大阪府警に逮捕された影響を受けてデジコムは倒産。独立して2009年に大阪で起業したのが「エステート24ホールディングス」だった。東日本大震災後にブームが到来した再生エネルギービジネスに目をつけ、住宅向けの太陽光発電装置の販売を主軸に売上高135億円を誇る企業に急成長させた。

高級車マイバッハを駆り、大阪のタワーマンションの自宅だけでなく、東京の六本木ヒルズにも邸宅を持った。本業以外にも関西コレクションや東京ガールズコレクションといったファッションショーの大口スポンサーとなるなど広告宣伝にも惜しみなく金をまいた。20代後半の若き経営者の豪奢な暮らしぶりは当時ネオヒルズ族として世間を賑わせていた与沢翼と比較され、「東の与沢、西の秋田」との評まで出回った。

ベテランジャーナリスト伊藤博敏による2013年の記事「時代の羅針盤か、それとも徒花か⁉　太陽光発電装置販売で売上高135億円のベンチャーを率いる27歳起業家の〝野望〟」では、秋田について次のように言及している。

〈秋田新太郎というベンチャー経営者がいる。1985年生まれの27歳。高卒後、「販売のプロの養成所」といわれる光通信に入社。通信機器販売、オール電化商品の営業に従事した後、住宅機器販売会社を経て、23歳で太陽光発電装置の販売会社・エステート24ホールディングス（HD）を、大阪市中央区に設立した。

ブームの先を読むには、羅針盤のような経営者が必要である。

1990年代の後半、通信の自由化とIT革命、それに東証マザーズの設置などでベンチャーブームが巻き起こった時、それをリードしたのはソフトバンクの孫正義と光通信の重田康光だった。
双方とも、「ベンチャーの星」と持ち上げられたものの、やがて「ブームに乗った株価頼み経営」を批判され、マスコミの猛烈なバッシングを受けて地獄を見た。が、その後、孫は携帯電話買収という賭けにでて勝利、重田もまた創業の地の池袋に戻り、販売力を生かして復活した。
秋田は、今、間違いなく太陽光発電ブームの先行きを占うベンチャー経営者である〉
（「現代ビジネス」２０１３年５月16日配信）

暗転するのは２０１４年のことだ。周囲には向かうところ敵なしに見えた秋田だが、さらなる事業拡大に向けて銀行からの資金借り入れの課題を抱えていた。

大阪地検特捜部が秋田と側近の男の２人を逮捕した。みずほ銀行から不正に２億円の融資を引き出したとする容疑だった。大阪地裁判決では懲役２年４ヵ月の実刑判決。大阪の無罪請負人として有名な後藤貞人弁護士を擁して控訴した大阪高裁では２０１５年７月、懲役３年執行猶予５年の有罪判決が下り、服役を免れる。

現場復帰を果たす事も検討したが、その後は日本でのビジネス展開については側近らに任せ、自らは海外に向かう。シンガポールでは予約１年待ちの人気となる高級寿司店などをオープンし、結婚した元NMB48の木下春奈と暮らしていたが離婚。現地で出会った10歳下の日本人女性と婚約した。その後、ドバイに移住して婚約者がプロデュースしてレストラン崇寿を開店した。秋田自身は黒子に徹し、できる限り目立たないようにしてきた。

秋田に聞きたい質問は山ほどあった。いつ東谷と知り合い、どのような付き合いをしてきたのか。その後、なぜドバイに呼び寄せたのか。そして、最も肝心なのはガーシーCHはどのようにして誕生したのか、という問いだった。それまで断片的に聞いていた話から、秋田がすべての黒幕と言って差し支えないと私は確信していた。

崇寿のカウンター横のテーブルで秋田と向かい合った。人の3倍は食べるという大食漢だというが、体は引き締まり、肥満体型ではない。バレンティノの黒のTシャツとハーフパンツという気楽な格好だ。

フランス・ブルゴーニュのロマネコンティのシャトー（ワイン生産者）まで訪ねて高級ワインを集めるほどのワイン愛好家でもある秋田。だが、この日はインタビューだからか、瓶詰めのコカ・コーラをスタッフに注文していた。東谷との出会いから私は質問を始めた。

「東さんとは10年ほど前に、麻雀仲間だった芸能モデルの男性に紹介されて、知り合いました。東さんの麻雀の腕前はプロレベルでめちゃくちゃ強く、最初のころ俺はなかなか勝てなかった。ある時、札幌にＲＡＤＷＩＭＰＳのライブを見に行く話をすると、『おーそれなら北海道で麻雀やらへん？　俺、北海道でも雀荘、めっちゃ知ってるから』って連絡がきて、わざわざ東京から１泊で北海道に遊びにきた。持ち物はウェストポーチに下着だけをつめた軽装で。面白い人だなと思っていたけど、俺となら高額レートで麻雀をして確実に勝つ自信があるからカモだと思ってるんやろうなと悔しい気持ちもあった。結果は案の定、俺が数百万円負けたんですが、東さんは『秋田君、強なったなあ』なんて言いながら帰っていく。カモが意気消沈し過ぎないように褒めてくれるんですよね。くそーと思いましたが、麻雀は強いやつとやらないと強くなれない。いつかは絶対倒してやる、とその後も麻雀を打ち続けました」

東谷は秋田に芸能人を繋ぐことも多かった。のちにガーシーＣＨで暴露対象とする俳優の城田優や綾野剛らとも東谷に紹介されて知り合った。特に城田とは数えきれないほどの賭け麻雀をし、東京、大阪、北海道など各地で打っていたという。

「城田は最後、俺の高校の先輩のたまご屋の取締役に７００万円ぐらい負けたんですよね、で、払う金がないから『俺が出来る事なら何でもするから何とか助けて欲しい』と。結局、その先輩の奥さんが城田の舞台を見に行ったり、楽屋に行ったりしたいということで、それらの招待をするなどして借金を棒引きにしてもらってました」

「綾野剛とは何度か会ってますが、彼が主演した映画『新宿スワン』の公開ぐらいのタイミングで大阪ミナミのホストクラブなどにも行きましたね。彼は俳優として売れたのが遅かったからか、売れたことが相当嬉しかったようでチヤホヤされるのが大好き。道端のキャッチに綾野剛だよ、とわざわざ話しかけて大騒ぎになって喜んでいました。までも、俺の友達の綾野のファンだった奥さんに電話で話してくれたり、色々とやってくれて感謝してる部分もありました」

当初は東谷に対して連敗が続いた秋田だったが、元々の地頭の良さもあり、雀士としての力量をみるみる上げていく。出会いから3年ほどたったころには、ついには東谷を実力で凌ぐようになり、負かすようになったという。

どれほどの腕前なのか。参考までに聞いてみると、秋田は「これです」とスマホ画面を見せてきた。オンラインで対戦する「セガＮＥＴ麻雀ＭＪ」の成績画面。現在は約１３００万人がダウンロードしている人気オンライン麻雀だが、秋田は１３００万人の中でもわずかしかいないという最も格が高い「最強位」というトップ雀士の称号を得ていた。

「最近はあんまりやってないから順位は落ちてるけど、このゲームではランキングで全国１位をとったこともあります。実戦では吉原のソープランドの会長らとも億単位のハイレート勝負もしたことがあるので、修羅場の数が違う。ただ、そういった人たちとそのレベルの麻雀を打っているとさまざまなトラブルも起きる。銀座のど真ん中で覆面を被った3人組に襲われたこともある。その時はボディーガードをつけていたので襲撃犯は撃退しましたけど」

こうした麻雀をめぐるトラブルは東谷との間でも起き、一時は関係が疎遠になっていたという。東谷の周囲では、FC2創業者の高橋ら東谷を絶対的に信頼する友人も多いが、秋田の場合は少し違う。

「信用できる信用できないという尺度で言えば、当時の東さんはイーブン以下だった」

その関係に変化が現れたのが2021年12月のことだ。秋田はBTS詐欺疑惑やヒカルの動画などで東谷が追い詰められていることを知り、メッセージアプリでこう送ったのだという。

「東さん、大丈夫ですか。ドバイにきたらどうですか。自分もトラブルがあってドバイには一人の知り合いもいない状態で来たけど、今やドバイのことであればどんなことでもできる。俺がいればどうとでもなりますよ」

このときの秋田の申し出は、少し奇妙ではある。あまり信頼を置いていなかったはずの東谷に対し、なぜ手を差し伸べたのか。

「いや俺もいろいろトラブルがあってキツかったことがあるし、普通に可哀想やなと思ったんで。ＢＴＳ詐欺とかで叩かれていることについては、俺も正直おもしろいなぁ、いろいろやっとるなぁ東さん、と思って最初は見ていた。しかし程なく、たくさんの芸能人の友達から連絡が来た。『ガーシーのヒカルにたたかれてる動画見ました？　あいつも終わりましたね。いつかこうなると思ってたけど』。こんなメッセージがあり、俺の考えは変わりました。彼らは自分が女を妊娠させた時に父親の代理として東さんに子供を堕ろす手続きをさせたりオモテでは言えないような世話になっていた。東さんは口が堅い。すべて揉み消していた。俺が面白がるのと、こいつらが面白がるのとではまったく意味が違う。こいつらに面白がる資格はない。一度でも世話になった人のことを悪く言う奴は嫌いだ。俺も多数派より少数派で生きてきた。胸くそが悪くなって、結局、そいつらには、ほとんど返信もしませんでした」

秋田は暗号資産ビジネスで日本警察からマークされていたと見られる久積も東谷が到着する2週間前にドバイに呼び寄せていたが、それも秋田にとって「かつて世話になったことがあったから」という単純な理由だったという。

12月17日朝、東谷は大阪の警察署から不在着信があり、BTS詐欺疑惑などで警察に追われていることを確信する。焦燥感に駆られた東谷は秋田を頼ることを決断。親類から借りた金でドバイ行きの航空チケットを予約し、その日のうちに関西国際空港から直行便に飛び乗った。

「翌18日に俺の自宅の外で数年ぶりに東さんと再会したのですが、帽子を深く被って目もともに合わせてくれない。後で聞いたら、『秋田くんが誰か変なやつ連れて来てるんじゃないかと思っていた』と。たしかに当時の俺と東さんの関係はそこまで良くなかったから、なぜ俺が助けてくれるのだろうと、裏があるのではと勘繰っていたとしてもおかしくはなかった」

「ドバイについた時、東さんは本当に死にそうな感じだった。髪はロン毛で、今よりずいぶん太ってもいた。東さんは『とりあえず今日生きれるかもわからない状態で来た。明日生きていくためにはどうすればええんか』と言った。まずは美味いもん食いながら考えましょう、美味いもん食ったら気持ちが穏やかになっていろんな意見も出るだろうし、と応えた。シェフを呼び、最高の食材を使った寿司を一緒に食べたんですが、俺が美味しいでしょ？と、聞いたら『うん、美味しい』というぐらいしか会話がない。東さんが帰った後、シェフと話すと、『全然話さない暗い方ですねー』と言っていた。今の東さんからはまったく誰も想像できないと思いますよ。だって、明日生きていくカネもないんだから。だから、確か3000UAEディルハム（当時のレートで約9万円）ぐらい、とりあえず現金を渡したんです」

「それから、俺を頼ってくれた以上は俺に責任があると思って、東さんが借金を返済するために何をやればいいのかを考えました。東さんは頭はいいので最初は仮想通貨の本を5冊ぐらい貸してみたりもしたんですよ。僕の持っている仮想通貨の1億～2億円分ぐらいを使わせて、まずトレーニングさせたらトレーダーとして成り立つのではないか。でも、完全に門外漢だったので、一からは難しいかもと思った」

では他にあるか。東谷が培ってきた人脈を考えると、残された選択肢は一つしかない気がした。それが、芸能人暴露だった。

「週刊誌とかに芸能人の暴露話を売って借金の返済に回したらと提案しました。でも、それには東さんは『それをやってもうたら、元に戻れんやろ』とめちゃくちゃ嫌がっていた。俺は『何いうてるんですか？　じゃあ逆に（暴露）やらんかったら今さら元に戻れると思っているんですか』と返したら、『そやけど悪いのは俺やし』とめっちゃ考え込んでいました」

さらには東谷がコロナ禍に通い詰めて億単位の借金を作ることになった横浜の裏カジノに対し、「イカサマ賭博」だと訴えて暴露するという案なども出たが、結論は出なかったという。

東谷は「暴露については年越しまで考える時間くれへん？」と秋田に言った。東谷は連絡が途絶えていた芸能人の友人も正月になれば、年始の挨拶のメッセージとともに安否を気遣う連絡をくれるんじゃないか、できることならやりたくないから、とわずかな希望を持っていたという。

連絡が来れば、暴露はしない。連絡が来なければ、手段を選んでいる場合ではない――。東谷は空港近くの安宿でコンビーフの缶詰や切り売りのピザ一切れなどで日々の飢えをしのぎ、ドバイのあちこちにメトロで出掛けてはこれからどうすべきかを思案しながら年越しまでを過ごした。

だが結局、正月が明けても連絡は非常に近しい友人わずか数人程度からしかこなかった。

正月明けの2日、東谷は秋田に連絡してきた。

「秋田君、時間とってくれへん、俺、腹括《くく》ったわ」

ドバイのマリーナ地区にある日本料理店で2人は再び向き合った。

「で、どうするんですか。またチンタラチンタラ話して時間が過ぎていくだけだったら意味がないですよ。（暴露するって）ほんまに腹括ってるんすか」と秋田。

「括ってる。暴露をしてまず迷惑かけてもうた人たちの借金を返していく。ただ、いまカネがなさすぎて今日飯を食う術がない。だから、当面の間、1日2食のメシと住むとこだけ何とかしてくれへんかな」と東谷。

芸能人の暴露をするという大筋の方針は、この時に固まった。

問題はどう暴露するか。東谷と秋田は人を介して文藝春秋、新潮社、光文社、幻冬舎、双葉社といった出版社に単発の暴露ネタの売り込みや暴露本の出版を持ちかけてみたという。しかし、「どこも扱ってくれなかった」と秋田。すでにヒカルの動画などで「詐欺師」と吊るし上げられていたため、東谷の証言には信憑性がないと判断され、色好い返事はもらえなかった。


まず東谷をレストラン崇寿でアルバイトさせることにした。当初、店の日本人シェフらは詐欺疑惑などもある東谷の採用に難色を示してきたが、秋田が「東さんはバー経営の経験があるから人手が足りないバーテンダーができる」などと説得した。ただ、実際に働かせてみると、東谷はまったくアルコールを受けつけない体のためカクテルの味見ができなかった。「話が違いますよ」とシェフらから再度声が上がり、結局、食後の客に煎茶やほうじ茶を提供する「ティーマスター」を任せることになった。また、噂が広がって東谷がドバイにいることが露見するのを恐れ、「東谷」「東さん」などの呼び名は避け、従業員には「ヨシさん」と覚えさせて呼ばせるようにしたという。

東谷は給料を受け取らなかった。そこまで世話になってはいけないと自分を戒めたようだ。ただ毎月、スタッフ1人あたり10万円分ほどはもらえる客からのチップの分配だけは受け取らせたという。

「びっくりしたのは、最初に渡した3000UAEディルハムもほとんど使わずに節約をしていたことです。何度か『東さん、まだカネいけてる？　なんぼか出しときましょか？』と聞いたけど、『まだ大丈夫！　毎日同じメニューやけどレストランの社員食堂でインドカレーを頑張って食べてるから』。そんなやり取りをする中で、『この人、根はまじめなんやろうな』と見直し始めました」

住まいはレストラン崇寿が従業員用に数室借りていたアパートメントの一室を東谷にあてがった。部屋の空きがなく、モロッコ人の男性スタッフとの相部屋となった。

「一瞬でスタッフたちの兄貴分みたいになった。東さんの人と仲良くなる力はちょっと異常。酒飲まないのにいつも一番テンション高いしね。東さんには妙に人を惹きつける魅力がある。コミュニケーションの力って本当に生きていく力だなと思いました。あと地頭がいいから、東さんが何かのアイデアを出すセンスはすごかった。俺と東さんの共通認識としてこういう風にしたほうがいいという感覚は似ていました。東さんは同じレベルで話ができる。違法賭博さえしなければ、まじで大成功する男だと思った。もったいない。実際に東さんがバーとかを経営をしていた時は赤字になったことがないらしいですから」

暴露にＹｏｕＴｕｂｅを使おうと提案したのも秋田だった。秋田は自分が関わるビジネスで、東京の動画配信会社にいくつかの案件を依頼していた。

「出版社やライターにまったく相手にされなかった様子を見て東さんがユーチューバーになればいいと思いました。まずは世に出て有名にならないと誰も話を聞いてくれない。幸か不幸かヒカルにＹｏｕＴｕｂｅで晒されたわけだし、やはりヒカルにＹｏｕＴｕｂｅでやり返すのが理屈としても合うと。それにたとえばヒカルにＹｏｕＴｕｂｅで広告案件を頼もうと思ったら広告費は２０００万円ぐらいが相場だった。それを東さんが人気ユーチューバーとなり、無料でやってくれるなら利用しない手はないとも考えた」

そうして誕生したのが、「ガーシーCH」だ。

「当初はそこまで伸びるとは思えず、とりあえず10万人ぐらいのチャンネル登録を目標にしましょうと話し合っていた。ところが、東さんのトークには圧倒的に人を惹きつける力があった」

速射砲のように関西弁でまくし立てる話術と芸能人スキャンダルの暴露で物議を醸し、東谷は暴露系ユーチューバーとして一気に名を挙げる。チャンネル登録者数はわずか3ヵ月足らずで約120万人まで膨らんだ。

「こんな展開、さすがにまったく想定もしていませんよ。東さんを助けてよかったか？　そう上からいうつもりもありませんが、助けがいは本当にありましたよね。ポテンシャルがある人を見極めて復活させる能力は俺、結構あるんかな。ドバイに呼んだ責任もあったので、肩の荷がおりた気もしました」

東谷の再起を秋田はまるで自分ごとのように嬉しそうに語る。

2022年8月下旬。凍結されたYouTubeのガーシーCHの代わりになる独自プラットフォームとしてオンラインサロン「GASYLE（ガシル）」はリリースされ、ガーシ

ICHはその中で継続されることになった。月額3980円（税込）という強気の料金設定だったが、2ヵ月ほどで5万人以上の登録を集めた。当初はシステムの脆弱さが指摘され、カード決済や入退会のトラブルなども多く抱えていたが、その後、システムの運営業者を変更して、対応を改善させたという。

こうしたオンラインサロンの立ち上げなどの大きな戦略は現在も東谷を中心とする20人ほどのチームでアイデアを出し合い、展開しているという。秋田は基本的に表に出ることを好まない。過去のみずほ銀行の事件のことは実はさほど気にしていないのだが、それには他に理由があった。

外務省が秋田に対し、旅券返納命令を出し、東京簡裁から旅券法違反の容疑で逮捕状が出されているからだ。というのは、秋田は2018年、改名した氏名で新たなパスポートの発給を受けたが、その際に執行猶予中かどうかなどの質問項目で虚偽申告をした疑いが持たれているという。これに対し、秋田は「虚偽申告のつもりは一切ない。なぜかというと、そもそも当時のパスポートには5年程度の残存期間があった。別にわざわざ申告する必要などはなく、そのパスポートはまだまだ使用できていた。そんな中たまたま友達がパスポートを更新する際に、そう言えば名前が変わったんだけど、ついでだし自分も変更しておいたほうがいいかな、と思い友達の更新のついでに窓口で相談しただけ。その後はパスポートセンターの窓口の人の指示に従ったに過ぎない」として、旅券返納命令の取り消しを求めて東京地裁で外務省を相手どって係争中だという。

この件について秋田は警察や外務省の対応を不当だと、心底憤りを覚えているようだった。この時だけ語気を強めて言った。

「普通ならこんなことで逮捕状を取ったりしない。暴力団員とか過激派を運転免許の住所の不実記載などの微罪で逮捕するような事件と一緒で、俺をただしょっぴくための警察の嫌がらせだと思っています。俺はいろんな人物と付き合いがあるから俺を挙げると面白いネタが付随してくるはずだ、と思ったんでしょう。今後外務省との裁判が終われば、もっときちんとしたかたちで表に出てもいい。東さんもいずれ一緒に配信に出ようと言ってくれています」

インタビュー中、秋田は私のどんな質問にもほとんど間髪を入れずに答えを出してきた。大阪地検特捜部に摘発された事件の裁判でも、検事の質問に逆質問で返し、公然と食ってかかったというエピソードを持つ。自らの才覚や実業家としての実績への強烈な自負心。それが矢でも鉄砲でも持ってこいと言わんばかりの彼の言動を支えているのは間違いないようだった。

1時間ほどで取材を終えると、レストランの別の席でたまたま食事をしていた東谷が私たちの席に近づいてきた。ドバイにやってきたころからの経緯を聞いていたと私が告げると、東谷は半ばあきれたようにこう言った。

「どこまで書く気やねん」

12

元大阪府警の動画制作者

秋田新太郎によって暴露系ユーチューバーへの道が開かれた東谷だが、世間に衝撃を与えたガーシーCHはなぜあのスタイルになったのか、その舞台裏を知りたかった。

そこで次にインタビューをしたのが池田俊輔だ。

東京都内の映像制作会社の社長で、40歳。20代のころは大阪府警の警察官として外国人犯罪を取り締まる国際捜査課に所属していた、という異色の経歴を持つ。警察官人生の先行きに憂いを感じたこともあり、早々に見切りをつけて退職。独立して番組制作を手掛ける会社を立ち上げたが、4年前からYouTubeの動画制作をメインに据え、これまでに約70チャンネルを手がけていた。

数名の動画編集スタッフを抱える程度の小所帯のため、社長と言っても自ら撮影や編集を担う。その池田が秋田から東谷を紹介され、2022年1月、ガーシーCHの立ち上げに加わったのだ。

池田にはドバイに東谷の他にも顧客であるユーチューバーがいるため、ほぼ毎月日本とドバイを行き来している状況だった。池田とは東谷のアパートメントで何度か顔を合わせたことがあったので、あらためて取材を申し込むと、ちょうど日本に帰国していた時期だったので、リモート取材となった。

ガーシーCHをどう立ち上げていったのか、詳細を知りたい。そう取材趣旨は伝えていた。オンライン会議システムのZoomで、池田と対面した。東谷や秋田からも取材を受ける許可を得ていたから口は滑らかだ。

「2021年12月下旬に初めて東さんと会って、少し話をしました。僕はユーチューバーのヒカルさんの仕事を引き受けたこともあったので、ヒカルさんに暴露された人だと聞いて驚きました。そして、その後、本格的にYouTubeで暴露をやろうとなって年明けの1月中旬に再びドバイを訪れて、バイト終わりの東さんと打ち合わせをしました。YouTubeの再生回数が伸びやすいネタの切り口ってだいたい決まっているので、まず僕からは10個ぐらいの切り口を見せました」

当時、提示したスプレッドシートの資料を見せてもらった。

たとえば、〈成功体験〉という大きな切り口に対し、「どん底から成功」「○○に見えるが実は」「涙が止まらない」と過去に再生数が伸びた実例が示されている。

他にも〈知識欲を刺激〉――「○○とは何か⁉」「○○とは何者⁉」「○○の仕組み」。〈数値訴求〉――「○分でできる」「○○万円でできる」「99パーセント、○○だ」。〈網羅性〉――「○○を全部見せる」「○○、全まとめ」「○○、すべてわかる」などといった具合だ。

その中でも最も東谷がめざす暴露系チャンネルにフィットしそうな切り口があった。〈ネガティブ訴求〉だ。過去例としては、「○○を買ってはいけない」「○○を知らないとヤバい」「販売中止」「絶対に○○するな」「放送中止」などがあった。ネガティブに煽っていく切り口の動画がヒットしたことを示している。

ここから発想を展開し、たとえば、「芸能界で○○するな」「芸能界の裏側」「テレビの放送事故」など、東谷が動画をつくれそうな切り口を検討してもらったという。

さらにベンチマーク（指標）となる暴露系や芸能界関連のチャンネルもリストにして東谷に教えた。このジャンルはそれほど数が多くないが、最も参考になりそうだったのはチャンネル登録者数191万人（2022年12月末現在）を誇る「コレコレチャンネル　ＫｏｒｅＴｕｂｅ」だった。タバコのポイ捨てをする人に注意する企画で一躍有名になり、その後は架空請求業者に生配信で直接電話して追及したり、ユーチューバーが女子高生にポルノ画像を要求していたことを暴露したりと、「暴露系ユーチューバー」のジャンルを確立した。疑惑の人物やビジネスについて徹底的に暴いていくスタイルであり、東谷が想定する暴露手法と重なっていた。また、暴露で名誉毀損などのトラブルも抱えており、どこまで暴露するかという線引きを学ぶ上でも参考になりそうだった。

さらに、池田は東谷に暴露をする可能性のある交友・面識のある芸能人をリスト化してもらい、池田はそのリストをもとに、それぞれの芸能人がインターネット上でどれだけ検索されているかを示す「検索ボリューム」も調べた。誰を優先的に暴露していくか順番を検討するためだ。

その資料をみると、検索ボリュームが比較的高い芸能人の中には野田洋次郎（ＲＡＤＷＩＭＰＳ）、ＴＡＫＡ（ＯＮＥ ＯＫ ＲＯＣＫ）、佐藤健、新田真剣佑、ＴＫＯ木下隆行など、比較的初期に東谷が暴露対象とすることになった芸能人の名が見える。

池田はいう。「すでに東さん自身が配信でも振り返っていますが、芸能人暴露にはＹｏｕＴｕｂｅで広告収益を得て、何よりもまず東さんの借金を返すという目的がありました。そのためにも再生数が伸びそうな芸能人は誰かということもかなり意識して撮影スケジュールを決めていきました」

２０２２年２月６日に動画の撮影を始めた。撮影場所は東谷がレストラン崇寿のモロッコ人スタッフとルームシェアをしていた部屋だ。

「モロッコ人スタッフが仕事に出かけた昼間に撮影しました。かなり殺風景な部屋でパイプベッド以外にはスーツケース一つがあるだけ。床は埃だらけで、靴下に埃がべったりつくので閉口しました。ドバイにいることがバレないよう東さんには黒い長袖のパーカーを着てもらって日本と季節感を合わせたりもしましたし、昼過ぎには近くのモスク（イスラム教の礼拝所）から礼拝の刻限を知らせる呼びかけ（アザーン）も流れてきて中断せざるを得なくなったり。最初は撮影機材もなかったので、私のアイフォンを空箱に無理やり差し込んで固定したり、結構大変でした」

最初に暴露対象に選んだのは東谷を「詐欺師」と告発したヒカルだった。もちろんヒカルの動画が、東谷がどん底に落ち込む大きな要因になったからだが、そこには別の理由もあったと池田は打ち明ける。

「そもそも芸能界の裏側を暴露するというチャンネルがＹｏｕＴｕｂｅでどれだけアジャスト（適合）するか問題がありました。ＹｏｕＴｕｂｅを好む層は今までテレビに出ていたような芸能人ではなく、ユーチューバーに興味があるからＹｏｕＴｕｂｅを観るという人が圧倒的に多いからです。だから暴露対象は最初、人気ユーチューバーにしたほうがいいという判断もあり、その意味でも最初はヒカルさんでいくべきだということになったんです」

動画のタイトルが決まった。

〈ヒカル聞け！　東谷義和があの一件についてすべてお話しします〉

「最初はどれだけ東さんが話せるかわからなかったので、とりあえずしゃべってもらい、途中詰まるところがあれば、合いの手を入れますからと伝えていました。もしそれでも難しそうなら台本を作ることも検討していた。でも、そんな必要はまったくありませんでした。東さんが白壁に向かって一人で喋ってるだけ。でも、それで十分だった。いきなりノンストップで一気に最後までしゃべってくれた。なんだ、この喋りは！　すげえなって興奮しましたよ」

動画の尺は9分20秒に編集した。これは、YouTubeの場合、8分以上の動画には2本の広告がつくという仕組みを意識したためだ。2日間で8分以上10分以内に収まるように20本の動画を一気に撮影した。

「その20本の中にはイニシャルトークで芸能人の名前を伏せた動画も複数ありました。初めは東さんにもどこまで暴露するか葛藤や逡巡があったんだと思います。どこまで振り切るべきかと。だからイニシャルを使って話していたのですが、結局パンチが弱くなるし、ガーシーCHという暴露チャンネルにはふさわしくないということでお蔵入りになりました」

2月17日、いよいよガーシーCHがスタートすることになり、ヒカルを攻撃する動画がYouTubeにアップロードされた。

一つ、ここでは拡散のためにある人物の協力を仰いでいた。

東谷のBTS詐欺疑惑を最初に晒したZ李だ。

東谷はツイッターのダイレクトメールでZ李に連絡をとり、「これは収益で（BTS詐欺疑惑の）被害者に返済するためにやる」と目的を説明したという。すると、Z李は「そういうことなら」と協力を約束してくれた。文章センスも高く、幅広い層にフォロワーがいるZ李が好意的なツイートをしたことでヒカルのファン層も反応し、ガーシーCHについての投稿が相次ぐ。動画は一気に拡散し、瞬く間に再生回数が伸びていった。

ユーチューバー好きな層を最初のターゲットにする作戦が奏功した瞬間だった。

13

元バンドマンの議員秘書

参院議員になったガーシー議員こと東谷は秘書を選ぶことになった。

東京に常駐する政策担当秘書は元みんなの党代表の渡辺喜美元議員の秘書を25年務めたこともある経験豊富なベテラン秘書、渡辺文久を採用した。「破天荒な議員にも対応できる」。そんな触れ込みだった。

一方で、当面は帰国しないまま議員活動をしていく東谷のため、ドバイに住み込んで「地元秘書」として東谷を支える「公設第一秘書」も必要だった。東谷は迷いなく、一人の男性を指名した。

墨谷俊、34歳。周囲からは「シュン」と呼ばれている。

秋田邸で参院選の開票を見守っていたとき、東京のＮＨＫ党側とのオンライン中継の段取りをしたり、ＹｏｕＴｕｂｅ配信の準備をしたりと忙《せわ》しなく動き回っていたのが茶髪の墨谷だった。顔はハンカチ王子こと元プロ野球・日本ハムの斎藤佑樹にどことなく似ている。優しげな表情や喋り方で、育ちが良さそうに見えるのだが、Ｔシャツの袖口からは手首まで竜の入れ墨ものぞき、少しアンバランスな印象も受ける。

兵庫県加古川市の出身だ。小学生のころはラガーマンだった祖父の影響でラグビーにのめり込んだが、進学した地元の中学、高校にはラグビー部はなく、音楽好きな友達に付き合い、毎日のように加古川の駅前にあるライブハウスに通い詰める。青春パンクのバンドを組み、ELLEGARDENやHi-STANDARDなど「はみ出している感じのバンド」をコピーした。

高校卒業後は、大阪の音楽系の専門学校に入学したが、すぐに中退。その後は神戸に移り住む。両親とも公務員で、「ザ・日本の平均的な家庭」に育ったコンプレックスが強かったという墨谷は「インパクトが欲しい」と、このころ、上半身に本格的な昇り竜の刺青をいれている。

神戸では自らバンドメンバーを募り、通称ラスベガス、正式名「Fear, and Loathing in Las Vegas」というバンドを6人で結成した。墨谷はSXUN（シュン）の名でギターを担当した。エレクトロとラウドロックを融合させたような独自の音楽性を追求すると、着実に人気を呼び始める。大手レコード会社から声をかけられ、専属マネージャーもついてメジャーデビュー。オリコンチャート上位を獲得するなど、順調に知名度を上げていく。

神戸に根ざしたバンド活動。神戸は全国の音楽ツアーなどに参加するにも拠点として不便には感じなかった。東京に上京して成功するというお決まりの野心もない、どこかストイックなバンドだった。

墨谷にとって転機になったのは、22歳のころ、すでに人気ロックバンドになっていたONE OK ROCKが主催した同世代のバンドを集めたツアーに参加し、森進一の長男でボーカルのTAKAと知り合ったことだ。同い年だったことから意気投合した。その後はプライベートでも遊ぶ仲になり、TAKAが大阪を訪れた時に「一緒にご飯に行こう」と紹介されたのが東谷だった。

「背が高いし、色が黒くて、めっちゃ喋るし、最初の印象はちょっと怖いなと。生まれて初めて北新地のクラブとかキャバクラに連れて行かれたのですが、綺麗な女性を前にしてガチガチに緊張して、東さんに『お前、おもんないわ』と散々イジられましたね」

そんな初対面だったが、当時東谷は大阪に住んでいたこともあり、その後はTAKAを介さずに食事などに墨谷を誘い出すようになる。東谷と交友のあった人気ロックバンドUVERworldのボーカルTAKUYA∞や綾野剛、城田優ら数多くのミュージシャンや芸能人と引き合わせてくれ、遊ぶようになった。当時、大阪ミナミにあるジャクジー付きのマンションの一室を隠れ家のように使っており、そこでは芸能人の男女らが集い、夜な夜なパーティーが開かれていたという。

「非現実的な世界。見たこともないような可愛い女の子たちがいて。楽しくてしょうがなかったですね。東さんに紹介されたミュージシャンに誘われて、僕らのバンドを彼らの音楽ツアーに参加させてもらえたり、僕のバンド活動にもメリットになると思っていました」

しかし、ラスベガスの他のバンドメンバーやマネージャーは墨谷のそうした芸能界との付き合いにあまり良い顔をしなかった。どこかで、「モテて楽しくやれればいい」と考えていた墨谷に対し、他のメンバーはあくまでストイックに音楽を追求したがっていた。

「他のメンバーからすれば、僕は『考えが甘いやつ』。各自でそれぞれ演奏練習をするんですが、サボることは許されなくて、スカイプでつないでちゃんと曲を作っているかとか、監視されるような感じでした。あまりにもストレスがピークになって、僕はギターを演奏する手が思う通りに動かなくなるジストニアという病気にかかってしまった。ライブでは幾つかのコードが弾けず、弾くふりでやり過ごすしかなかった」

一方で、墨谷はそうしたストレスのはけ口にしようと遊んだ女性とのトラブルも起きた。メンバーや所属レコード会社にも露見し、女性とのトラブルは解決したものの、当時は川谷絵音の「ゲス不倫」が「文春砲」で暴かれ、炎上しているタイミングで女性問題はダメージが大きかった。音楽でも私生活でも墨谷は追い詰められ、２０１８年に脱退を決意する。

突然、30歳で無職になり、放心状態になっていた時だった。

所属事務所のホームページでラスベガスからの脱退が発表された直後、誰よりも早く連絡してきたのが、東谷だった。「シュン、大丈夫か」「一人でおるのやめろ。出かけるぞ」。そのままあれよあれよという間に連れて行かれたのが、名古屋であったUVERworldのライブだった。

「東さんは音楽活動をやめた人もたくさん知っているから、心配してくれたんだと思う。最初に連絡してくれるんが東さんなんやってなんかびっくりして。名古屋にライブ聴きに行って、だいぶ気が楽になりました。今もあの出来事は忘れられない」

それ以来、時間的に余裕ができたこともあり、しょっちゅう東谷と行動を共にするようになる。国内旅行やアメリカやシンガポールなど海外旅行にも共に向かった。旅費や食費などはすべて東谷が負担していたという。

東谷がガーシーCHを始めた後の2022年4月ごろだった。自宅でちょうどガーシーCHを見ていた時だった。突然、電話が鳴った。

発信地に「アラブ首長国連邦」と通知されている。

電話に出ると、「元気か?」と懐かしい声が聞こえてきた。

「お前、俺のYouTube観てるか？　今、想像よりも忙しくなりそうで困ってる。ドバイに来てくれへんか」

答えるのにそれほど考え込むことはなかった。そのころは楽曲提供などで生計を立てていた墨谷だったが、プロデュースをしていた地下アイドルグループの仕事だけを済ませ、5月下旬にドバイに向かう。それ以来、ガーシーCHのスタッフとして配信を手伝うようになっていた。

今ではエミレーツIDというUAEの住民登録カードも取得し、「ドバイ在住の公設第一秘書」としての道を歩み始めた。BTS詐欺疑惑などで、「詐欺師」と非難されていた東谷についていくという決断は普通なら、なかなかできないことのようにも思える。

「もちろん、僕が出演したガーシーCHの配信を見た複数の友人から『引き返してこい』『やめといたら』って止められました。客観的に見たら、東さんと関わらないほうがいい、って思うのも理解はできます。でも、東さんと俺は他の人とは違う時間の過ごし方をしてきたので、自分の人生やし、俺が決めてもいいだろうと。正直、ほぼ迷いはありませんでしたね」

ドバイでは東谷の向かうところには基本的にどこにでもついていく。そして、いつもポシェットを持ち歩く。中に入っているのは、東谷が朝晩必ず飲まなければいけない糖尿病の薬。忘れずに飲ませるのが日課でもある。

前代未聞の「海外在住議員」として帰国することなく、ドバイに滞在し続ける東谷。国会に出席しないことで批判も根強い。元ミュージシャンと異色の経歴を持つ墨谷は、そんな東谷をどう支えていこうと考えているのか。

「既存の議員の在り方と比べて、型破りであればあるほど、いいんじゃないですか。まともだったら東さんが議員やる必要ないんで。まあなんだかんだ言って、議員本人がやりたいことをスムーズにやってもらうのが議員秘書の役割だと秘書研修で教わったので、それが僕のミッションですね」

静かで優しげな声色とは対照的に、考え方にはやはりラディカルさが滲む。異形《いぎょう》の国会議員と秘書は、やはり似た価値観を持っている。

14

ワンピースと水滸伝「悪党」と「正義」

ある日、いつものように東谷の自宅アパートメントに取材で訪れたときのことだ。

東谷はテレビでアニメを観ていた。冨樫義博の人気漫画『HUNTER×HUNTER』のアニメ版で、序盤のハンター試験編の回だった。ドバイにいるわけだが、オンラインの動画サービスを使って視聴しているようだった。

ちょうど私は取材で質問したいことがあり、「ちょっと聞きたいんですけど」と声をかけると、東谷は露骨に不快そうな表情を浮かべた。「ねー伊藤さん。ダメですよ。後にしてください」。そばにいた公設第一秘書の墨谷は「記者魂ですね」と私をからかってきたが、後で聞くと、「漫画とかアニメに熱中している時の東さんに声をかけるのはNG」だと教えられた。完全に漫画の世界に没入してしまうため、誰かに邪魔されると不機嫌になるのだという。

東谷にとって漫画やアニメを鑑賞する時間はそれほど譲れないものらしい。

子どものころの夢は「漫画家になること」だったという東谷。今でも職業の中で最も漫画家をリスペクトし続けているという。

雑談していても、漫画の話題はしょっちゅう出てくる。

ある時はシーザーズパレスのカフェで昼食をとりながら、同じく漫画好きであるFC2創業者の高橋と東谷、そして秘書の墨谷が「連載が途中で中断した漫画」について長く話し込んでいるのに出くわしたことがある。

休載常連の『HUNTER×HUNTER』から始まり、『ベルセルク』『BASTARD!! ―暗黒の破壊神―』『テラフォーマーズ』『コータローまかりとおる!』……。次々に漫画タイトルが上がり、「あーそれもあったなあ」「あれはほんと完結してほしい」「冨樫はもう腹が立ってくる」などと盛り上がっている。少し驚いたのは、東谷がマイナーと思えるような漫画でも、登場キャラクターの名前や細かなセリフを克明に覚えていることだ。以前、インタビューで持っている数枚のクレジットカードの16桁をすべて覚えていると記憶力の良さを自負していたが、こんなところにも垣間見えた。

東谷は大阪の私立阪南大学を卒業しているが、本人も「漫画はガキのころからの唯一続いている趣味」「漫画に育てられた」と語るように価値観や知識の多くは漫画由来であることが多い。彼の思考を探るには、影響を与えた漫画を分析するのが一つの正しいアプローチなのではないか、と感じた。

ドバイでは紙の漫画本は入手できない。だから、いまは電子書籍で漫画を読んでいる。東谷がインスタグラムでスクリーンショットを公開した「俺のiPadに入っている漫画たち」の一覧がある。

200以上ものタイトルが並んでいるが、目に付くのは不良、暴走族、ヤクザ、殺し屋、博徒など、いわゆるアンダーグラウンド系の漫画の多さだ。

『湘南爆走族』『荒くれKNIGHT』『ドルフィン』『ギャングキング』『クローズ』『クローバー』『WORST』『バウンサー』『虹丸組』『バウンスアウト』『キューピー』『ドロップ』『ビー・バップ・ハイスクール』『サンクチュアリ』『HEAT―灼熱―』『代紋TAKE2』『ドンケツ』『殺し屋イチ』『ザ・ファブル』『カイジ』……挙げたらキリがない。

参院選の前後で東谷が口にした印象的な言葉がある。

「カルロス・ゴーンの本とか、犯罪を犯した逃亡者の本が売れるわけじゃないですか。今の人々は『嘘の正義より真実の悪』を求めている面はあろうと思いますよ」（2022年5月30日のオンライン出馬会見）

「自分のこと悪党だと思っているんですよ。『悪党にしか裁けない悪』は絶対にある。警察や弁護士やまともな人では対応できないね」（2022年8月19日、NewsPicksでの経済学者成田悠輔とのオンライン対談）

雑誌では週刊少年ジャンプとヤングジャンプは電子版でかかさずに定期購読している。なかでも何度もインスタライブなどの配信で言及しているのが尾田栄一郎の人気漫画『ワンピース』だ。

言わずと知れた、悪魔の実を食べた少年ルフィが海賊王をめざし、仲間たちと海賊団「麦わら一味」を組んで繰り広げる冒険活劇。単行本はすでに104巻（2022年12月現在）を数え、発行部数は全世界で累計発行部数が5億部を超えた。週刊少年ジャンプに連載中の物語は佳境に入っている。

私は初期のころの『ワンピース』しか読んだことがなかったが、東谷の取材には欠かせないと判断し、今回最初から最新刊までを読んでみた。幅広い年齢層から支持される大ヒット作だが、「悪党」を自認する東谷の視点から見ると、ハッとさせられるいくつかのポイントがあることに気づく。

まず当然のことながら、麦わらの一味はあくまでも海賊団であり、少年漫画にありがちな「正義」の側ではない。対照的に、正義を振りかざすのはルフィたちに懸賞金をかけて追い回す世界政府傘下にある海軍だ。海軍将校たちの制服の背中には常に「正義」の二文字が掲げられている。

そして、いずれも海賊を目指す少年期のルフィ、エース、サボの3人が酌み交わすのは「兄弟盃《さかづき》」だ。「お前ら知ってるか？　盃を交わすと〝兄弟〟になれるんだ」「おれ達3人の絆は〝兄弟〟としてつなぐ‼　どこで何をやろうとこの絆は切れねェ……‼」（コミックス60巻、エースのセリフ）

こんな場面もある。新世界でのドンキホーテ海賊団との戦いでルフィと共闘した7人の海賊団の船長たちはルフィを親分、自分達を子分とする「親子盃」を申し出るが、ルフィは「窮屈」「偉くなりてェわけじゃねェ‼!」と拒む。だが「まことに勝手ながら」として子分たちだけで「子分盃」を強行する。

「ここに我ら子分となりいついかなるときも親分〝麦わらのルフィ〟先輩の盾となり‼　また矛となる‼!　こ度のご恩に報い‼　我ら7人‼　命全霊をかけてこの『子分盃』‼　勝手に頂戴いたしますだべ‼!」（コミックス80巻、海賊バルトロメオによる口上）

血縁関係がない者同士が盃を交わすことで疑似的な血縁関係を結び、兄弟になったり、親子になったり。仁義や交わした約束などが重んじられるシーンも数多い。これは日本の伝統的な任俠組織のシステムと同一であり、ワンピースはそんな世界観で成り立っている。

もちろん東谷はヤクザでもなければ、組織に所属したこともない。ただ、前にも言及したが、東谷本人が若いころからそうした者たちに免疫があり、普通の人に比べて抵抗感が薄いのはたしかだろう。


そうした価値観は暴露にも反映され、その一つが暴露では本人だけでなく、その周囲の人物も晒すという東谷独特のやり口がある。元「2ちゃんねる」管理人のひろゆきこと西村博之とツイッターなどで応酬したときは西村氏の妻も攻撃対象にした。楽天の三木谷の攻撃時は妻や子どもにも矛先を向けた。そんな情け容赦ない喧嘩術はある種、ヤクザ的である。東谷は「その人のアキレス腱を攻める。周囲の人を暴露したら一番嫌がるのはわかっている。それが俺のやり方やから」と悪びれずに繰り返し述べている。


麦わらの一味ならぬ、「ガーシー一味」。東谷、FC2創業者の高橋、暗号資産ビジネスの久積、元バンドマンの墨谷、そして陰の仕掛け人である秋田……。皆がそれぞれに後ろ暗い過去を持つが、東谷はそこにむしろ任俠組織の絆のようなものを感じ取っている。

ある時はインスタグラムにこんな投稿をしていた。

「先日共通の知人を通じて、初めてGMOの熊谷さんと話しました。お互いの認識のズレや誤解を直接話したいと言われ、2人で話をさせてもらい、目指すべき道が同じであることがわかりました！　直接連絡してこられる男気に脱帽です！　またこれでガーシー海賊団の船に新たな仲間が加わったわー　どんどん味方を増やして、最高の海賊団にしたいと思いますー笑笑」

ＧＭＯ熊谷とは東証プライム上場のＧＭＯインターネット会長の熊谷正寿のことだ。東谷は暴露対象とすると予告していたが、熊谷は東谷と面会。誤解が解けて和解に至ったことを報告したわけだが、ここで海賊団と書くのは『ワンピース』リスペクト以外の何物でもない。さらに一時は敵対していても、友好的に近づいてきた者には、むしろ仲間として受け入れる姿勢を示す。嘘のタレコミで東谷を陥れようとしたマッサージチェーン「りらくる」創業者の竹之内教博とはしばらく敵対したが、竹之内がその後、謝罪すると、一転して東谷は「これからは応援する」「もう変なこと言わん」と態度を変えた。

『ワンピース』と同じ文脈でもう一つ触れておきたい物語がある。

水滸伝だ。さまざまな事情で世間からはじき出された１０８人の好漢が梁山泊《りょうざんぱく》と呼ばれる自然要塞に集結し、盗賊団を組む。悪徳官吏たちを倒し、国を救うことをめざす明の時代に書かれた中国を代表する伝奇小説だ。東谷は歴史漫画の巨匠横山光輝の『水滸伝』に影響され、たびたび言及している。

ある日、ドバイを散歩しながらのインスタ配信で東谷はこう語っていた。

「水滸伝というね、俺の大好きな中国の話があんねんけど、梁山泊という山に山賊が住み着いてて、いろんな理由で国を追われた、国会議員みたいな人とか、めちゃめちゃ強い武道家とか、意見が合わなくて役職を剝奪された元将軍とかが集まって、巨大な国という悪を滅ぼす。俺の周りにもクセのある人たちが集まってきている。そういう人たちが集まって、今の日本を変えれるんじゃないかという気がしていて、俺は今のこの空間がすごい心地いい。そんな無法者が集まっている感じが水滸伝っぽい。１０８（人）の悪者が集まって巨悪を倒す。まさに今の俺やなと」（２０２２年8月25日のインスタ配信）

参院選後のこの時期はドバイメンバーだけでなく、音楽事務所エイベックス会長の松浦勝人、実業家でユーチューバーの青汁王子こと三崎優太、自伝本『死なばもろとも』を編集した幻冬舎編集者の箕輪厚介らが相次いでドバイを訪れて東谷と会った直後だった。

ドバイだけでなく日本にも仲間や同志を増やし、日本の中枢や既得権益に喧嘩を売っていく――。冷めた人なら嘲笑しそうな、まさに漫画的野心だが、東谷はなかば本気でそう夢想しているように私には見えた。

15

嵐のバースデー

10月6日は東谷の誕生日である。芸能界では和田アキ子をはじめ大規模な誕生日会を好んで開く人も多いが、アテンダーとして芸能界に深く関わってきた東谷も例外ではない。ドバイ開催にもかかわらず、日本から多くの友人らが駆けつけ、前日夜からのカウントダウンと当日の夜の2回催行で合わせて90人ほどが参加するという盛大な宴になった。

場所はレストラン崇寿だった。5日夜に向かうと、店の入り口では秘書の墨谷らが参加予定者の名簿と照らし合わせて一人ひとりチェックしていた。大人数のパーティーになるため、たとえば東谷に敵意を募らせる不審な人物が紛れ込まないよう警戒していたのだ。

縦横それぞれ2メートルはゆうにある巨大なバースデーケーキが登場し、参加者たちが歓声を上げた。ゴッドファーザーに扮した東谷がコラージュで描かれたケーキだ。その端には暴露を続ける東谷の悲哀とも取れる言葉が書かれている。《暴露という孤独 愛という哀しみ 男という生き方》。1971年生まれの東谷はこの日、51歳を迎えた。それぞれがインスタグラムなどで東谷周りの話を発信し、ガーシーファンの間では「ガーシーファミリー」とも呼ばれているFC2創業者の高橋、秘書の墨谷、きくりんことカリスマ美容師の菊地らが東谷を囲み、記念撮影をした。そして、東谷は巨大ケーキに入刀し、深々と頭を下げた。

この誕生日会には一つ見どころがあった。暴露を予告していた著名人らに対して、東谷は「バースデーにドバイまで来れば許す」と配信などで事前に語っていたからだ。

この2日間の参加者では、著名人では幻冬舎の箕輪、幸福の科学総裁・大川隆法の長男で俳優の宏洋、参院選の投開票日にも顔を見せた人気ユーチューバー・レペゼンフォックスのDJ社長、人気モデルのMALIAらが顔を見せていたが、一方で、そうした「手打ち」のために馳せ参じたのだろうとみられる人物やその関係者も複数いた。

東谷から暴露予告されていたベストセラー『メモの魔力』で知られるSHOWROOM社長の前田裕二、ガーシーCH誕生の引き金となり、最初の暴露対象にもなったヒカルと企画を共にしているサムライパートナーズ副社長の入江巨之らだ。このうち、ヒカルや入江らとはすでに和解し、参院選でもNHK党の街頭演説にヒカルが駆けつけるなど事実上、東谷の応援に回っていたが、当選後の8月上旬にドバイで予定していたヒカルや青汁王子とのコラボ企画が直前で中止になったこともあり、そのケジメの意味合いもあるようだった。彼らは東谷と直接言葉を交わし、どこか安堵したような顔を見せていた。

著名人以外にも多くの友人が駆けつけていた。BTS詐欺疑惑などで毀誉褒貶著しい東谷だが、その後も離れることなく、付き合いを続ける友人は多い。参加者のある芸能人マネージャーの30代男性になぜ付き合いを続けるのか尋ねてみた。

「東さんは芸能人でもないし、肩書きとかステータスもない僕らでも関係なく平等に仲良くしてくれる。実際に10年近い年月でずっと付き合ってきてくれたから、それは間違いない。だから、みんな大好きなんです」

「世の中の人からすれば、キャラクターとしてのガーシーさんですけど、僕らからすれば昔通りの東さん。ただ東さん自身、暴露をやっているのは心地よくないだろうなと思いますよ。東さんは人が大好きな人だからそれが快感だと感じる人じゃ絶対ない」

ある20代の女性も会場に来ていた。上場企業の企業経営者に暴力・暴言の被害を受けており、それを告発する予定だった女性だ。10月初旬にドバイを訪れ、東谷らと告発動画の収録を終えた後、誕生日会にも誘われたのだという。東谷に告発を持ち込む人の話をきちんと聞いたことがなかったため興味をそそられ、話を聞くことにした。

「最初は週刊誌に持ち込もうとしたんです。実際に記者の方の取材も受けましたが、気持ちが揺れ動いていた時期で、相手とも示談をしてしまったので、結局やめてしまった。でも、その後、やはり社会的制裁を受けてほしいと考えていた時に観たのがガーシーＣＨでした」

「ガーシーＣＨのタレコミ窓口に軽い気持ちで情報提供をすると、すぐに返事があり、翌日にはインスタ配信でくわしい被害内容には触れない形ですが、タレコミがあったとすぐに取り上げてくれた。週刊誌は記事になるまでに時間がかかるけど、ガーシーさんにはスピード感もあるし、切り抜き動画とかの拡散力もある。魅力に感じました」

彼女の答えは、「一人週刊誌」との論評もあったガーシー現象の一端に触れているようだった。

誕生日会が開かれたのは、ちょうど日本で臨時国会が始まり、東谷への逆風が強まっている時期でもあった。

参議院議院運営委員会は10月3日、石井準一委員長名で海外渡航は認められないとし、速やかに帰国の上、登院するよう求める要請をしていた。代理として対応したＮＨＫ党の浜田聡参院議員は本国会中に本人に帰国の意思がないことを確認したと伝え、次のような談話を出した。

「ガーシー議員の海外渡航が認められなかったのは想定の範囲内ではありますが、残念です。衆議院に比べて参議院は多様な価値観を国政に反映させるべき場であるからです。ガーシー議員が海外在住のまま議員として活動しようという意思を私は尊重し応援していきます。ガーシー議員の登場は新たな国会や国会議員のあり方を国民の皆様に考えていただく絶好のチャンスです」

会場で少し疲れたのか座っていた東谷に私は声をかけ、幾つか質問した。

——帰国して登院を求める声が改めて出ている。

「覚悟はしていたが、これまでの暴露の結果、身の危険はほんま増えてる。信じへん人も多いが、ヒットマンを雇ってドバイまで飛ばしたとか、命を狙う具体的な情報をたしかな筋から何度も聞いている。そんな状態でうかつには日本に帰れへん」

——ドバイから暴露行為を通じて議員の職責を果たしていく？

「議員の仕事は国民の代弁者として国に働きかけて世の中のおかしなところを改善していくことでしょう。浜田議員が言ってくれたようにリモートで仕事ができる時代に国会出席にこだわる必要あるのか。岸田首相もコロナにかかってリモート公務をしたでしょう。議論をしてほしい」

——10月から「フルスイングで暴露していく」と公言した。

「（親友の）ＵＶＥＲｗｏｒｌｄのＴＡＫＵＹＡ∞とＯＮＥ　ＯＫ　ＲＯＣＫのＴＡＫＡの3人で話して約束をした。私怨からの暴露はあと1年で終えてその後はシフトチェンジする、と。だから今回の誕生日を機に忖度抜きで暴露できるように連絡先を改めて断捨離（整理）して、本当に限られた人しか付き合わないと決めました」

——10月の1発目の配信では、人気の清純派女優のパパ活疑惑を扱った。

「こんな暴露、国会議員がすることかと批判もあるけど、芸能界で若手俳優がめちゃめちゃ安いギャラで働かされている。だから、こうした芸能人の売春や売春斡旋するやつらが出てくる。そういう芸能界の闇を告発するのは、『芸能界をクリーンにする』という俺の公約にも合う。社会的に意義のある暴露を続けるために身の危険が少ない海外に滞在するって、そんなおかしなことなんかな」

東谷は最後に、「ただファンのみんなにも会いたいし、日本に帰国したいのはやまやま。来年前半あたりで帰国できないかとは考えている」とも口にしていた。その後も2023年1月からの通常国会中に帰国したいという意向は何度も表明することになる。会期中は不逮捕特権があるが、それでも逮捕などの可能性はゼロではなく、タイミングは本人さえ決めかねているようだった。

16

モーニングルーティン

著名人暴露について東谷は「好きでやっているわけじゃない」と自ら語っている。当然、そこには相応の心の負荷がありそうなものだが、普段からあまり思い詰めたような顔もしていないのも不思議ではあった。実は、負荷を軽くする「午前のルーティン」があると聞き、朝から東谷の生活を観察することにした。

10月中旬、朝7時半すぎ、ドバイ・マリーナ地区にある高級レジデンスの一室には朝から魚を炒めるこうばしい匂いが漂っていた。

キッチンで手際よく朝食を作っているのはハワイ在住のコーディネーター、「コウヘイ」こと山口晃平だ。

「東さんは糖尿病なので、朝は炭水化物抜きです。いつもはスープカレーとかが多いかな。できるだけ野菜は多めにしていますね」

山口は、医師の麻生泰を東谷に引き合わせて以来、同じく親しくするFC2創業者の高橋もいることからドバイにたびたび来るようになっていた。特にこの時期はガーシー誕生日会などもあり、忙しい時期だったため、東谷は、1ヵ月ほど山口にドバイまで来てもらい、食事作りや日常の雑事などを任せていた。山口は調理師の免許も持っていたからだ。

山口の経歴もユニークだ。埼玉・所沢出身の36歳。調理師の資格を取得して高校を卒業後、給食センターに就職したが、1年余りで退職。車好きだったため所沢で主にアメ車など中古車の販売とカスタムを手掛ける車屋を開業したが、そのころ、バカンスで訪れたハワイに魅了される。移住を思い立ち、グリーンカード（米国の永住資格）を申請すると、2回目の抽選で運よく通り、20代半ばで移住した。現地では日本人客相手に別荘管理やツアーコンダクターなどを請け負う一方で、ひょんなことから始めたのがハワイの街中でナンパした日本人女性を日本人経営者らに紹介するという「アテンド」だ。

「夕方ぐらいに知り合いの社長さんとかから『きょうお願いできないかな』と連絡が入ると、すぐにワイキキの繁華街にナンパしにいくんです。社長さんの好みに合わせた女の子を見つけて声をかけ、日本からの友達がいるからと誘って社長さんたちとの食事に連れていく。社長さんは幾らかチップをくれることもあるので生計の足しにします」

山口は見た目こそ、日焼けした肌に茶髪と遊び人風なのだが、話してみると口調も丁寧で誠実そうな人柄に感じられる。そんなギャップも好作用するのか、「ほとんど捕まえられない日はない」というほど、驚異的なナンパ成功率を誇るという。しだいに口コミで評判が広がり、日本の経営者や芸能人らに人脈を広げていくうちに知り合ったのがFC2創業者の高橋だった。そして、高橋からさらに紹介されるかたちでサーフィンなどのため頻繁にハワイに遊びに来ていた東谷と知り合い、食事などを共にする関係になったのだという。

キッチン台の上にはいつの間にか、飼い猫のネロとグリの2匹が上がり込んできて、調理に集中する山口を妨害していた。私が4月に初めて見た時は子猫だったが、すっかり大きく成長していた。

起きたての東谷はテーブルに向かい、目をこすりながら、スマホで何かをチェックしながらメモ帳に書き込んでいた。オンラインサロンで始めた「3HREE FREE（スリーフリー）」という3人でのトーク企画に出演して欲しい著名人を視聴者からアンケートをとったため、その集計作業をしているのだった。

ちょうど、別の宿に滞在していた「きくりん」ことカリスマ美容師の菊地勲、大阪でタレントのキャスティングや動画配信の会社を経営する「おがしゅん」こと緒方俊亮の2人も姿を見せ、共に朝食を取ることになった。菊地と緒方も芸能界に広い人脈を持ち、ガーシーCHより少し緩やかなテイストで裏事情を紹介していくYouTubeチャンネル「XX－Batsu2（バツ2）」を近々立ち上げることになっていた。

朝食が出来上がった。

この日の献立は、ベーコン付きの目玉焼き、スズキのムニエル、グリーンサラダ、味噌汁。

「いつもこんな体育会の合宿所みたいな感じですよ」と言って、菊地が見せてくれたのは水の500ミリリットルのペットボトルだった。キャップにはそれぞれ「キク」「オガ」などとマジックで名前が書き込まれており、ひと目で誰の飲みかけかわかるようにしていた。

菊地は横浜出身で、東谷より一つ年上の52歳。東京・青山で美容室を経営する傍ら、SMAPメンバーや氷室京介ら多くの芸能人のヘアメイクを担当するなどして有名になる。東谷とは30代半ばのころに六本木で出会い、すぐに意気投合して韓国やマカオのカジノに一緒に遊びに行くなど親密な関係になったという。

「(BTS詐欺疑惑があって)港区界隈では、さすがの東さんも今回の復活は無理だと噂になっていた。ガーシーCHが始まって連絡してみると、東さんから『やり切るから見守ってください』と返事がきた。僕も昔からのツレだから裏切ることはない、とにかく応援していますからと返しました。その後、僕も友達だった(FC2創業者の)高橋さんからも誘われ、ドバイに来て、いつのまにかいろいろ手伝うようになりました」(菊地)

朝食を終えてしばらく雑談していると、東谷が「ほな、いこか」と声をかけ、4人は立ち上がった。いつもは朝食前に近所へ散歩に向かい、東谷はそこで1時間ほど歩きながらインスタ配信などをする。これも糖尿病対策と気晴らしには非常に重要な日課なのだが、この日は散歩はやめて、サウナに向かうという。この時、東谷が住んでいたレジデンスは施設が充実していて、プールやエステに加え、本格的なサウナ設備も付属しており、散歩とともに毎日欠かさない日課になっていた。

スチームサウナの部屋に入り、私を含め、5人の男が腰を下ろした。みな水着パンツをはいて上半身は裸だが、東谷だけはTシャツも着たままだ。理由を尋ねると、「どうせこの後、またTシャツを着てプールに行くくらいだからいちいち脱ぐのは面倒臭いから」という答えだった。

白い蒸気があっという間に部屋に満ち、視界がぼやける。

「スチームと普通のドライサウナの違いって何ですか？」

誰かが菊地に質問した。菊地は日本サウナ・スパ協会の公式資格「サウナスパプロフェッショナル」を持つほど、こよなくサウナを愛する「サウナー」だからだ。「スチームは室温がそんなに高くないけど、ドライサウナと健康効果はほとんど変わらない」。そう菊地は即答すると、「なるほど」と皆が感心している。

リラックスできる雑談が続いていたところ、毎日、東谷にもとにファンらから届くダイレクトメールの数が半端ないという話題になった。

「毎日400〜500件とかマジでレス（返事）しているからな。アンチは少なくて嬉しい内容が多いんやけど、体力的には結構しんどいねん」

そう吐露した東谷は、こう続けた。

「あと5年かな。そしたら完全引退してSNSもしない生活に入りたいわ」

この直前には友人だった著名人に対する私怨からの暴露は「あと1年（2023年秋ごろまで）でやめる」と期限を明言。その後はタレコミ中心の暴露に切り替える方針を明らかにしていた。敬愛する島田紳助から私怨ではない暴露に切り替えるべきだと当初から助言されていたことも念頭にあったわけだが、この時の東谷のつぶやきからは暴露自体の「引き際」もすでに考え始めているのだと感じられた。

サウナを退出すると、一行はそのままプールに向かった。プールサイドのデッキチェアに腰掛ける。東谷はここで大量のダイレクトメールをチェックし、次々返信するのがお決まりの手順なのだという。

私はここで緒方に話を聞くことにした。菊地と共に、頻繁にドバイ入りし、東谷を支える中核メンバーになっていた。とりわけ、緒方は日本でのキャスティング会社などの事業は部下らに任せ、今後は基本的にドバイに住み込むと聞いていた。秘書の墨谷もそうだが、外国に移り住むのは余程の決断がいるような気がする。そこまでして東谷と共にいることを選ぶのはなぜなのか。

プールに浸かりながら緒方は私の取材に答えた。

「なんでだろうなあ。まあ、東くんとは、かれこれ合わせて3年ぐらい同居してたことあるからね。とにかく一緒にいたら楽しい。それに彼はまったく気を使わせないので一緒にいて楽なんですよね」

緒方は札幌生まれの48歳。体育教師の両親の影響で小学4年からテニスを始め、エリート教育を受けて育った。中学3年になると、名選手松岡修造らも輩出した名門テニススクールに通うために上京して寮生活に入った。高校は芸能人が多く通うことで有名な東京の堀越高校に進学し、団体戦でインターハイ優勝を飾るなど常にレギュラーとして活躍した。卒業後は明治大文学部に進学し、テニス部に所属する傍ら、アルバイトを始めたのが女性ファッション誌ＣａｎＣａｍの編集部だった。当時はモデルとして活躍していた金子賢、藤原紀香、長谷川理恵といった芸能人と知り合い、芸能界との接点が増える。その延長で共通の友達から紹介されたのが、ちょうど大阪から上京したての東谷だった。すぐに打ち解けた関係になり、東谷が原宿に借りていた一戸建てに転がり込むなど、同居する関係になったという。

当時からテニスコーチとして生計を立てていたが、30代後半でテニス業から引退すると、大阪でバーを共同経営するなど東谷との関係が続いてきた。

ガーシーＣＨが始まった直後、緒方のもとにはヤクザや半グレだと思われる人物から何件も電話があり、「お前が暴露をやらしてんだろ」などと凄まれたこともあったという。緒方は大阪でキャスティングや動画配信の会社をしているため、東谷の暴露の裏に緒方がいると邪推されたのだ。

「本当にまったく関係なかったんですけどね。そうこうして東くんと連絡を取り合っているうちに『遊びにこうへん』と誘われて、４月下旬に初めてドバイに来ました。最初は周囲の誰にもドバイ行きを言えませんでしたけどね」

当初は軽いノリではあったが、７月に東谷のＹｏｕＴｕｂｅやツイッターが凍結されたことで事情が変わる。緒方と菊地が別のＹｏｕＴｕｂｅチャンネルなどを立ち上げることで、微力でも東谷の発信力を支える助けになればと菊地と考えたのだという。

菊地は日本で美容師として多くの顧客を持つため、少なくとも月の半分程度は帰国しなければいけない。それでも緒方と同じように今後も東谷とできるかぎり行動を共にしていくつもりだという。

緒方が言った。

「これから東くんがドバイに残るのか、他の国にいくのかわからないけど、これからも一緒にいられたら楽しいだろうなあ」

気づくと、東谷はやはりTシャツを着たままプールに飛び込み、気持ちよさそうに平泳ぎで泳いでいた。こんな午前のルーティンと、まったく気兼ねしない菊地や緒方、山口らの存在が心の平衡につながっているようだ。

17

年商30億の男

ガーシーバースデーのカウントダウンが始まる直前、会場に滑り込むように現れた男性がいた。水色のYシャツに黒いズボン。よく日焼けした肌とやたら真っ白な歯のコントラストが印象的だ。

辻敬太という33歳の実業家だった。歯のホワイトニングサロンやエステ、美容室、飲食店、時計買取専門店など全国に約150店舗を展開し、年商30億円以上を誇るEARTHホールディングスの社長だ。

経営を指南するオンラインサロン「辻敬太起業サロン」も運営しながら、テレビ東京系の「じっくり聞いタロウ」や人気YouTubeチャンネル「令和の虎」に出演するなどメディア露出も多い。最近では、朝倉未来がプロデュースし、成り上がりを狙うアマチュアから本格的なプロまで参戦する総合格闘技イベント「ブレイキングダウン」への出場も果たした。

そんな辻は2022年からドバイで月の大半を過ごし、日本のビジネスはリモートで進める生活を送っている。そんな折に大阪でバーなどを経営していた時代から、顔見知りだったという東谷とレストラン崇寿で再会。最近では辻のＹｏｕＴｕｂｅチャンネルとコラボ企画をするなど共演をするようにもなっていた。東谷の取材時にたびたび辻の話題が出るようになったので、私も存在が気になっていた。

東谷が参院議員に当選した直後には、辻はこんな感想を語っていた。

「感動した。もちろんガーシーさんが過去にやったこととか、失敗してしまったこととかは事実としてあることは確かかも知れへんけど、だれでもあるやん。俺もあるし。その過去をしっかり受け止めて、どうやって前に進むかが結局大切やん。（ガーシーさんは）人生諦めなければどこまでも行けると言うのを示してくれたよね」（辻のＹｏｕＴｕｂｅチャンネル）

辻自身もあったという過去の失敗。実は、インターネットで辻について検索すると、すぐに１本の記事がヒットする。２０２１年３月７日に配信された、文春オンラインの記事だ。

〈「『僕を殺しにくればいい』と彼は言った」〝植物状態〟の息子を介護して９年　被害家族が有名経営者・辻敬太氏にいま訴えたいこと〉

10月、辻にインタビューを申し込んだ。

辻がドバイで購入したというビジネスベイにある自宅アパートメントで会った。地上75階建ての高級レジデンス。上層階にはインフィニティプールも備えてある。1階にあるカフェテリアで向き合い、取材趣旨を話すと「そういうことならぜんぜん協力しますよ」と快諾してくれた。

大阪府泉南市出身。幼少時からプロ野球選手を目指し、高校はおかやま山陽、大学は九州共立大と、いずれも強豪で知られる野球部に所属した。しかし大学ではレギュラー入りできずに挫折。大手引っ越し企業の営業部に内定を決めていた大学4年の夏に事件が起きる。

大阪府泉南市の実家に夏休みで帰郷し、自ら車を運転していた時だった。市内の交差点で右折しようとした際に対向してきたバイクと衝突。相手は一命を取り留めたが、意識不明の重体となり、そのまま遷延性意識障害（いわゆる植物状態）になってしまう。10年経った今も植物状態が続いていると言う。

「人生が終わったと思いました。母子家庭で家計的にも苦しかったのに、大学4年まで無理して野球をやらしてもらったのに、大変なことをしでかしてしまったと」

大阪地裁岸和田支部で禁固2年、執行猶予3年という判決が下った。控訴もなく決着。損害賠償も自動車保険から支払われた。辻は被害者への見舞いも当初は連日続けたが、途中から被害者家族に拒まれ、行かなくなった。

内定も取り消しとなった辻は大阪・ミナミで客引きの仕事を始める。大学時代の友達からは「あいつ人生終わったな」と囁かれていると人伝てに聞いた。キャッチの仕事自体は得意で、抜群の実績を築いた。その後は自らの集客力も生かしてバー経営を始めたが、共同経営者が違法カジノで約５０００万円の借金をつくり、その担保に店の権利を入れていたため、30～40人のヤクザに乗り込まれるなどトラブルが続いた。

比較的リスクの少ない業態にしようと、焼肉店や居酒屋などの飲食店を中心に数年で約50店舗まで増やしたが、そこにさらに襲い掛かったのが新型コロナだった。50店のうち40店近くが閉店を余儀なくされる大打撃。ただ、唯一そこまでコロナの影響がなく、収益が落ちなかった業態が美容室だった。

美容室、エステ、ホワイトニング、ネイルサロンなどの美容業態を中心に直営店、フランチャイズ展開などを一気に進めた。「年商30億円、１２０店舗」の若手経営者としてメディアで多く取り上げられるようになった。

そんな矢先に掲載されたのが文春オンラインの記事だった。

記事では、植物状態になった被害者の家族がＳＮＳで辻の名前をハッシュタグをつけて拡散したことで、辻はネットで炎上。辻がＹｏｕＴｕｂｅ動画で、「（過去に過ちを犯してしまった）そんな人たちが、じゃあもう挑戦したらダメなんですかっていう話なんですよ僕は。（中略）一回何か過ちを犯してしまうと一生ね、立ち直れなくなるんすよ」と主張したことに、被害者家族が「私たちにしてみれば、彼の動画で語られているのは保身としか思えない言葉ばかりです」などと話し、辻への不信感をにじませている様子を伝えていた。その後、辻と被害者家族が電話した際にも、辻が「僕にどうせいっていうねん」「僕を殺しにくればいい」などと発言したとする証言も紹介していた。

記事が出た当時、辻のもとにはダイレクトメールなどで批判が殺到したという。辻は言う。

「もちろん被害者や家族の方には一生恨まれるのは、しょうがないと思っています。でも、週刊誌などのマスコミが叩いてくるのは納得がいかなかった。僕がテレビとかにも出ている経営者じゃなく普通のサラリーマンだったら取り上げられていたでしょうか」

記事の配信後、被害者家族と改めて連絡をとったが、「もう関わりたくない」と伝えられ、現在では辻のことを批判的に書いたSNSの投稿なども削除されているという。

辻はその後、ドバイにやってきた。なぜ海外に向かったのか。

「こっち（海外）の人って、あんまりネガティブなこと言わない人が多いと思う。みんな前を向いている。そういうところが好きなんです。君が過去に何をしでかしてようが、逆に成し遂げていようが、これからが大事なんだって感じで。日本って一度不倫した芸能人とかをずっとそういう目で見たり、ずっと引きずるじゃないですか」

交通事故を引き起こした直後、辻は自殺することも考えたという。しかし、友人から泣いて説得されて、思いとどまった。交通事故と詐欺疑惑とでは、犯したことの内容は違うが、取り返しのつかない失敗を犯し、極限まで追い詰められ、自殺まで考えたという点で辻と東谷は共通していた。

そんな辻だからこそ、東谷の「あきらめの悪さ」には共感している。

「東さんのやり方が正解なのかわからないけど、どん底に落ちた人間も復活できると、あきらめないことの大切さを示してくれたのは日本社会にとっても意義があるんじゃないかって思いますね。僕とは這い上がり方も違うけれど、（弁済もしないで）逃げるよりかは遥かにいい」

18

王族をつなぐ元赤軍派

アラブの王族になりたい――。

東谷が突飛なことを言い出した。参院選のころからだ。

誰もが眉をひそめたくなるが、本人は結構本気だという。

経済学者成田悠輔とのＮｅｗｓＰｉｃｋｓでのオンライン対談で、その理由を語っている。

「王族になりたいんですよ。めちゃめちゃハードルが高いとは思っているんですけどね、(可能性は)ゼロじゃないと思っている。(アラブの王族と)養子縁組をさせてもらうとか、王女さんと結婚するとか、いろんなかたちで入る方法はあると思う。もし王族になれたら、大手をふって日本に帰れる。さすがにアラブのロイヤルファミリーの人は逮捕できないでしょう。漫画みたいなこと言っていると思うやろ。でも、実際に王族を紹介してくれる人がたくさん出てきたんですよ」(２０２２年8月19日　ＮｅｗｓＰｉｃｋｓ配信)

当初はレストラン崇寿がスポンサーとなって就労ビザを取得し、アルバイトしていた東谷だが、ＹｏｕＴｕｂｅなどの動画配信の活動が本格化したことで、ビザを切り替える必要が出てきた。ちょうどＵＡＥでは近年、ＵＡＥで多額の投資をする投資家や博士号取得者、医師、研究者、芸術家など各分野で優れた能力を持つ人に対して最長10年の居住ビザを取得できる「ゴールデンビザ」の制度がスタートしていた。崇寿の日本人シェフがゴールデンビザを取得したこともあり、東谷もＹｏｕＴｕｂｅ活動などから「クリエーター」の枠で申請してみると、思いのほかすぐに取得できたのだという。

東谷にとってはＵＡＥでの身分や生活基盤が安定することは、ドバイで暴露動画の配信を続けていく上でも死活的な重要な意味合いを持つ。

そして、そこからさらに大胆にも思いついたのが「王族になる」という発想だった。日本に帰国すれば、詐欺や暴露行為による名誉毀損、脅迫などの容疑で逮捕される恐れがある。それだけにＵＡＥでできる限り王族と近づくことで、日本に帰るための何らかの安全保障を得たいと考えたのだ。

東谷とのオンライン対談で成田は苦笑いをしていたが、こういう反応が普通だろう。だが、東谷が語るように本当に王族を紹介する人物が現れた。その経歴がまた変わっている。かつて赤軍派だったという日本人男性だ。

ガーシー誕生日会の2日目にもその男性は顔を出し、隅っこのほうで1回500UAEディルハム（当時のレートで2万円）の高級シーシャ（水タバコ）を吸っていた。UAEの地元民が着る民族衣装カンドゥーラ姿。頭にもガトゥラと呼ばれる布を巻いているので、ひときわ目立っていた。

大谷行雄。70歳。

UAE北部のラスアルハイマに住んでいる。現在の職業は経営コンサルタント。UAEに進出する日本人の会社設立の相談などに乗っている。私は新聞記者時代にラスアルハイマで大谷に取材したことがあり、顔馴染みでもあったが、ここで出くわすとは思っていなかった。

大谷は東京都北区の米屋の息子として育った。都内では開成と並ぶトップ進学校の東京教育大附属駒場（現・筑波大附属駒場）に進学した。折しも学園闘争が激しい1960年代後半、のちに日本赤軍の重信房子らの弁護人になる姉の大谷恭子からも影響を受け、大谷は「労働者階級による世界革命」を訴える共産主義者同盟（ブント）の学生組織・社会主義学生同盟（社学同）に参加。高校生たちを束ねる高校生安保闘争委員会の委員長に抜擢される。

特に影響を受けたのがブント内部の急進左派グループで、1968年6月ごろに塩見孝也氏（後の赤軍派議長）が結成した赤軍派フラクションだった。約１００人の高校生部隊を率いて傘下に加わるようになる。

転機となったのは、１９６９年７月だ。武装闘争を唱え始めた赤軍フラクを警戒するブント議長の仏徳二が赤軍フラクの解体を宣言し、塩見らを除名しようとしていた。それに反発するかたちで、塩見や後によど号ハイジャック事件を首謀する田宮高麿ら赤軍フラクの幹部たちは大谷ら高校生部隊を引き連れ、仏が潜伏していた明治大和泉校舎の襲撃を決行した。教室で仏を発見した塩見ら幹部たちは集団でリンチし、大谷も幹部に命令され、仏の足の骨を折る重傷を負わせてしまう。３年後の１９７２年には、赤軍派と革命左派が合流した連合赤軍が群馬県の山中で12人の同志を殺害する「山岳ベース事件」を引き起こすが、その危険な兆候がすでに現れていた。

このときの明大和泉校舎事件をきっかけに罪悪感に苛まれ、同志への暴力、いわゆる内ゲバに疑問を抱くようになった大谷は赤軍派と距離を置くことを考え始める。翌１９７０年、両親の勧めもあり米国に向かう。当初は黒人解放闘争のブラックパンサー党との連帯を目指したが、月日の経過とともに限界を感じ、政治運動から身を引いた。

その後はジャズクラブ経営やスポーツカードの輸出販売などを手がける33年の米国暮らし

を経て、一時は日本に帰国した時期もあったが、新事業の立ち上げでドバイに移住。その後再び帰国したが、数年前に再びＵＡＥにやってきていた。信仰にもめざめ、イスラム教にも改宗していた。

ところが、２０２２年に入り、大谷が就労ビザを出してもらっていた日系企業の社長が顧客への小切手の不渡りを起こしてドバイ警察に逮捕されてしまう。困り果てた大谷は代わりにスポンサーになってくれる企業を探し始める。四方八方手を尽くして、出会ったのが秋田新太郎だったという。秋田は数年後にはカジノリゾートもできるラスアルハイマに可能性を感じ、ビジネスを展開する検討をしており、そこで大谷を顧問として採用したのだ。

秋田は大谷の人脈に注目していた。大谷は１度目のＵＡＥ在住時からラスアルハイマ首長国の王族と出会い、懇意になっていた。現在も頻繁に食事をしたり、ドバイでイベントなどがあれば、一緒に出かけるほどの親しい関係を築いている。過去には日本を一緒に旅行し、案内したこともある。東谷の「王族になる」プランは現実的に難しくても、日本の国会議員として王族と会うことだけでも意義があるのではないか。そう考えた秋田は大谷に仲介を依頼し、８月中旬、東谷をラスアルハイマ王族と引き合わせたのだった。

その面会直後に東谷はラスアルハイマ王族と記念撮影した画像とともに感想をインスタグラムに投稿している。

〈今最もアラブで注目される首長国の一つであるRAK（注：ラスアルハイマの略称）のロイヤルファミリーのサレム王子や警察官僚でもある王子など皆さまに快く迎えていただき有意義な時間を過ごせました。

これから様々な日本の文化をアラブの皆様に知って頂けるように日本の国会議員として尽力して参ります。たまには国会議員ぽく〉（2022年8月12日のインスタ投稿、一部人名表記を修正）

大谷行雄

大谷は取材に対して、こう答えた。
「秋田氏にガーシー議員を紹介されて、ご協力できることはしたいとラスアルハイマの王族の皆様に引き合わせました。私はガーシー氏の暴露行為についてすべてを肯定しているわけじゃありませんが、彼の既存体制と権力に対する破壊的精神を買っています」

まさに元赤軍派らしい発言だが、たしかに東谷は岸田政権、とりわけ官房副長官の木原誠二を暴露対象とするなど、与党・自民党を攻撃する傾向がある。NHK党党首の立花は少数精鋭で議席を確実に増やし、いずれは公明党のように自民党と連立を組みたいという意向を持つが、東谷は「俺はその点では立花さんとは意見が違う。野党が一致団結して自民党を倒さないと、日本は変わらへんのちゃうか」と述べている。また、「日本は広島、長崎に原爆が落とされ、世界で唯一の被爆国。原発推進はそりゃあかんでしょ」と語るなど、リベラル派が歓迎しそうな発言も目立つ。大谷はそうした点を踏まえて東谷を応援できる人物だと判断していた。やはり大谷の仲介で、日本ラスアルハイマ友好協会を設立し、東谷を親善大使とする計画も進んでいるという。

東谷はその後も大谷以外の人脈も駆使し、ラスアルハイマ以外のUAE王族とも面会している。レストラン崇寿はUAE王族も御用達のため、たまたま会って挨拶することもあるようだ。東谷はあくまでも、こう言い続ける。

「王族になりますよ。口にしないと、実現するもんも実現しないから」

19

痛恨のドバイ総領事館事件

深く反省した事件がある。一部SNSなどには私の名前も出てしまっているので説明しておきたい。

2022年11月22日のことだ。

ドバイの商業・金融の中心であるダウンタウン地区。在ドバイの日本総領事館が入るビルの1階で私は東谷らが到着するのを待っていた。東谷に仲介を頼まれ、領事館トップのS総領事と引き合わせることになっていたからだ。

S総領事には私が朝日新聞ドバイ支局長だった時から取材などでお世話になってきた経緯があった。参院議員に当選したガーシー議員に総領事館が接触していないか少し気になっていたこともあり、ある日、東谷らと雑談していた時に「総領事館から連絡とかはきていないですか」と私は尋ねた。すると、その時は「ないですね。でも、ドバイにいるわけだし、会いたいですね」という返答だった。

UAEの在留邦人は届け出が出ている限りで約4000人と、それほど多いわけではない。小さな日本人コミュニティでは、つながろうという意思さえあれば、大抵すぐにつながることができる。総領事館から東谷サイドに一切接触がないということであるならば、それは「できる限り接触したくない」というメッセージだと私は受け止めた。

だから私はなんとなく嫌な予感がして総領事館の話題を出したことを後悔したのだが、その数日後に秘書の墨谷から「東さんがドバイ総領事を紹介してくださいと言っています」と連絡がきた。私は若干逡巡したが、「まあどこかでいずれ会うことになるだろうし、遅いか早いかの問題だろう」と腹を決めた。直接、メッセージアプリでS総領事に連絡をとり、ガーシー議員が表敬訪問したいと言っている旨を伝えた。

困惑されると予想していたが、S総領事は思いのほかあっさりと、「参院議員からの表敬依頼を断る理由はおそらくありません」と前向きな返答をくれた。ただ念のため外務省に確認すると付け加えていた。数日後、「東京からも表敬を受けることで異論なしと回答があった」と返事がきた。

実は東谷には表敬訪問以外にもいくつかの目的があった。

その一つが警察証明（無犯罪証明書）の取得だ。

東谷はオンラインサロンなどの収益を管理するための銀行のプライベートロ座をＵＡＥ国内につくりたがっていた。すでにＵＡＥ国内に複数の口座をつくっていたが、サロン運営では多額の出入金管理が必要になるためＵＡＥ国内の最大手の銀行口座でないと扱ってくれないとのことだった。

ところが、銀行からは「現状では口座をつくれない」と返答がきた。というのは、言わずもがなではあるが、東谷が帰国しないまま国会議員でいることやＢＴＳ詐欺疑惑や著名人暴露などにより東谷を敵視し、攻撃している人々は日本に多くいる。そうした人々の一部が英文でドバイの警察や官公庁、銀行などに東谷が「詐欺師」であると主張する情報などを流していたらしい。銀行の担当者からは「いくつもそういう情報が寄せられている。あなたのウィキペディアにも詐欺に関わったとする情報が書かれている。口座を開設するために、これまで犯罪をしたことがないことを証明するポリスレポートを出してほしい」と求められたのだ。

日本の場合、一般的にポリスレポートにあたるのが「警察証明（無犯罪証明書）」だった。警察庁が発行しているもので、成人になってから罰金以上の刑の言い渡しを受けた経歴が記載される。日本在住なら都道府県の警察本部に申請すれば取得できるが、海外の場合は大使館や領事館が事務代行で受け付けていた。

その日、領事館の下で東谷を待つ間に急に激しい雨が降ってきた。年間を通じてほとんど雨の降らない砂漠の都市ドバイでは珍しい。雨をほとんど想定していない街づくりのため、すぐに目の前の駐車場が冠水し始める。

渋滞に巻き込まれていたといい、秘書の墨谷とともに東谷は約束の時間ギリギリで到着した。すぐに3人でエレベーターに乗り込み、上層階にある総領事館に向かう。東谷はビジネススーツではないが、上下チャコールグレーのジャケットとスラックスを着て、ネクタイも締めている。足元だけは革靴ではなく白スニーカーだったが、いつもTシャツ姿の東谷が表敬訪問にあたって最大限身なりに気を遣ったのは間違いなかった。S総領事は外務省キャリア官僚であり、東谷はこれまでリモート会議で総務省官僚らにレクチャーを受けたことはあっても日本政府の役人とリアルで面会するのはこれが初めてだった。

総領事館のフロアに着くと同時に、東谷はライブ配信アプリのツイキャスで生配信を始めた。だが、領事館の入り口ではセキュリティー上、携帯電話を預けて、金属探知機によるボディチェックも受けなければいけない。まず私がスマホを専用のトレーに載せて預け、続いて東谷も2台のスマホをトレーに載せた。このとき、東谷は「なんか厳重な警備やで」などとぶつくさ文句は言っていたが、素直に従っているように見えた。

総領事の執務室で、S総領事と対面した。同席したのは、広報文化班と領事班の担当職員2人だった。挨拶もそこそこに東谷が本題を切り出す。物言いは端から喧嘩腰だった。

「単刀直入にいうと、銀行、警察証明の件です。国営銀行じゃないと発行できないと聞いたんですけど。（中略）一つ聞きたいんですけど、言葉選んで答えてくださいね。日本の警察に僕、かなり嫌がらせされているんですよ。領事館としては警察に質問したけど、私たちとしてはどうしようもありませんという認識なんですか」

これは一体どういうことか。

実は表敬訪問前の秘書の墨谷と領事館職員とのやりとりで、東谷に対して警察証明を発行することは難しいということがわかっていた。というのは、総領事館側が警察庁に確認したところ、この証明書は発給目的に制約があり、現地の政府機関、あるいは政府機関に準じる機関（銀行ならば国営銀行）がその国の法規に基づいて提出を求めている場合にのみ発給される。今回、東谷にポリスレポートの提出を求めたのはＵＡＥ最大手とはいえ、あくまで国営ではなく民間銀行であり、発給できる要件を満たさないということだった。

これに対し、東谷は「警察庁や総領事館から嫌がらせを受けているのではないか」と勘ぐっていたのだ。

窓の外はすっかりどしゃ降りとなり、雷鳴がとどろいている。最初に東谷に総領事を引き合わせると言った時に感じた嫌な予感が的中したと思った。

東谷に対し総領事や担当職員はあくまで冷静に説明した。総領事館はあくまで事務代行であり、発給を審査するのは警察庁であると強調した上、さらに警察の説明を代弁するかたちで、あくまで警察証明は「捜査資料」であり、民間からの求めで警察証明を出すことは想定されていないという説明だった。

それで東谷はかなり納得したようだった。少なくとも領事館としてはなす術のないことだと理解できたのか、東谷の口調は急に柔らかくなり、張り詰めていた空気が一転して打ち解けた雰囲気になった。

S総領事が「なんで、すでに他に複数の口座あるのに、その銀行口座にこだわっているのかな」と冗談ぽく問うと、東谷は「いやそうなんやけど、このまま鵜呑みにしたら（喧嘩売られてるのに）ただ負けてるだけになってしまうので」などと笑いながら返した。

その後は、東谷がドバイで実行したい構想を開陳した。ネオトーキョーという日本人街のようなものをドバイにつくりたいこと、東谷が人脈がある日本と韓国のアイドルやミュージシャンをドバイに連れてきて、音楽フェスを開きたいといったことだ。総領事は「営利目的ではないイベントであれば後援申請をしてもらえれば検討することは可能」などと答えていた。最終的には融和的なムードになり、私も胸を撫で下ろした。

ところが、その帰りのことだった。玄関に降りるエレベーターの中で東谷はズボンのポケットに手を突っ込むと、スマートフォンを取り出し、「あっこれ、配信したまま入れとった。配信されてたんかな」とつぶやいた。領事館に入る際にスマホ2台をいったんトレーに預けたが、金属探知機をくぐった後にそのうち1台をポケットに戻していたのだ。

私は頭を抱えたが、時はすでに遅かった。ツイキャスでは約1時間の総領事との面会のうち前半の30分ほどが生配信され、その後、YouTubeでも切り抜き動画などで拡散してしまった。

広報文化の担当職員に私から事情を説明した。その後、総領事から私に連絡があり、「無断で携帯を持ち込み、無断配信するのは信義則違反です。伊藤さんは事情を知っていたんですか」と強く抗議を受けた。私はスマホが持ち込まれていたことは知らなかったと釈明したが、「私がおつなぎした結果、こうしたことが起き、結果責任は痛感しています」と陳謝した。

その後、ドバイ総領事館と外務省本省それぞれが秘書を通じてガーシー議員にもスマホの持ち込みと無断配信について抗議した。後で関係者に聞いたところでは、総領事は外務省本省から注意を受けたようだ。

東谷は警備員の指示がよくわからず、金属探知機を通った後でスマホを戻してもいいものと誤解したなどと説明したらしいが、最初は警察証明の件で不信感があったため戦闘モードのまま無断配信を強行したのかもしれない。東谷はどこかイタズラ的に何かをしでかすところがある。総領事館に迷惑をかける結果になり、私はさすがに深く反省した。

20

近親者の証言

大阪の親友　会社役員の男性（51）

16歳ぐらいのころから走り屋チームのトップの人にすごくお世話になるようになって、そのうち世代交代もあって、俺はリーダー格を任されるようになった。俺らのチームはヤクザの息子とか、部落解放同盟の幹部の息子とか、ボンボンだけど育ちは悪いみたいなメンバーが集まってできたようなチームでね。そのうち、ただヤンチャしているような連中も加わって膨らんでいった。

ナンバーもつけないシビックとかレビンとか、いかつい車で大阪環状線に上がり、料金所は当然払うこともなく突破して、一般車をすり抜けながらかっとばす。「環状族」とか呼ばれてたけど、まさに南勝久の漫画『ナニワトモアレ』の世界やね。まだ、あれは実際ほど、エグくは描いてないけどな。毎日なんかトラブルがあって、走り屋チーム同士とかで、喧嘩ばっかりしていた。暴対法もできる直前のころで、俺らも暴力団組織の準構成員みたいな感じで、トラブルになったらケツ持ちの組の名前を出したし、現役のヤクザも普通に喧嘩に出てくる。実際になんでも許された時代でした。

メンバーは皆、結構、悪さもやったよ。強盗、恐喝、クスリの売買とかをやっている奴もいた。チーム同士の喧嘩の末に死んだやつも、下半身不髄とかになったやつもいたよね。環状線ではトラックに突っ込んで死んだやつもいたし、そういうことがしょっちゅうあった。

カズ（東谷の呼び名）と出会ったのは、もうはっきり覚えてないけど、あれは20歳をすぎた時ぐらいかな。俺が走り屋の活動からは少しずつ距離を置くようになっていたころだったかな。大阪の後輩を通じて、たまたま出会った。向こうも別の走り屋チームに入っていて、俺の顔は以前から知っていたみたいで。それでなんや知らんけど、仲良くなって、いつの間にか毎日のように大阪ミナミのクラブやディスコに行ったりして遊ぶ間柄になっていた。

なんで気が合ったのかって？　カズの空気感がいいんじゃないですかね。相手に気を遣わせないし、あっちも気も遣わんし。カズが東京に出てからは、タレントをあいつに紹介されて飯に連れて行ったりもよくしました。

あいつがドバイ飛ぶ前のこと、Z李がBTS詐欺の件を晒す前だったと思う。カズからもう死ぬとかメッセージがきて、俺は「そんなこと言わんと連絡してこいよ」って返した。死にたいほど苦しい気持ちはたしかにあったと思うけど、本当に死ぬとは1ミリも思っていなかった。その後、俺ともう一人、カズと共通の先輩がいて、2人でカズに会って直接、BT

S詐欺の詳しい状況を聞いて、どうにか問題を解決できないかと考えていた。でも、被害総額が最初に言ってた額からだいぶ膨らんだりして、俺もその先輩も「ちょっと俺らの手に負える状態じゃないな」という感じだった。

だから、俺もシンプルにカズには「(警察に)もうパクられたほうがいいんちゃうの」と伝えていた。そのほうがカネの整理とか清算もできるし。清算した後に懲役行くんか、執行猶予になるか。そこから助けられる部分はみんな助けるだろうし。そんなやり取りをしているうちにカズとは連絡がつかなくなった。

あいつも上がったり下がったりの人生で、それまでも高額の借金をしてそれなりに清算したりして復活したりしてきたから、本人的には何とかカネを返す道を最後まで模索してたんやろなあ。

その後、気づいたらドバイに飛んどったなあ。ガーシーCHが始まる前に、カズから連絡がきて「YouTubeやる」って聞いたけど、こいつ何言ってんねんとは思ったよ。暴露は良いことではないよ。人のネタを売ってメシを食うっていうのは良くはないよね。でも、カズは友達やから。人殺して懲役行ってきても友達は友達やから。それに、あいつにも線引きがあって、心から友達だと思えた人間は売ってないと思う。売っているヤツはある意味で商売上の付き合いのやつなんちゃうかな。カズが暴露を好き好んでやっているわけじゃないのはわかっているから。

カズの本のタイトルにもなっていたけど、あいつ暴露をやるのに「死なばもろとも」って言葉を使っているやろ。そもそも、あれって走り屋をやっていたころから俺らが根本にしていた精神なんよね、腹を括って何かをやって、自分一人だけでは死ねへんでという気概というか。「そんなもん死なばもろともやんけ」っていうような。もしも何か悪さをして自分が沈んでいくんやったら、同じぐらい悪さしている奴も一緒に沈めたるで、と。

だからといって、暴露がええか悪いかは別やけどね。あいつから紹介してもらって俺も仲良くなった芸能人の友達とは連絡をとったんやけど、「あいつが腹を括ってやってるんなら見守るしかないな」という結論になった。

カズがヤクザとか半グレに抵抗感がない？　まあ、それは答えが難しいなあ。日本にいた時から、元ヤクザだろうが半グレだろうが現役だろうが詐欺師だろうが、たしかにカズはいろんな人間と付き合いはあったと思う。ただ、あいつも経営者だったから、そこまで腹割ってそういう奴と付き合いしていたかというとそうじゃない。従業員もおったし、責任もあるから尚更な。でも、真面目に育った人みたいに、そういう人たちと絶対に会話もしたくないって断るタイプでもない。そういうヤツやろうなあ。

（2022年夏、大阪市北区のホテルで取材）

東谷の妹（48）

2人兄妹で、お兄ちゃんとは年が三つ離れています。

（2021年）12月初めごろだったか、突然帰ってきて、何か様子がおかしいとは思っていたんです。すごく元気がなくて。でも、お兄ちゃんはずっと一人暮らしで、糖尿病になってしまったので、その治療で帰ってきたと思っていた。朝昼晩とお母さんが忙しい時は私が料理を作ってあげて。糖尿病に良い食事を研究してやっていました。なんせ、出かけることもなく、ずっと家にいるなあってちょっと不思議に思っていたんですが。

結局、その後、また実家から出て行ったのですが、ある日、私が職場に向かっているときに「お前だけには言っておこうと思うんやけど」と連絡がきたんです。詐欺みたいなことをやってしまったからって、「警察に捕まるか、もう死ぬか。とにかくしばらく連絡はとれなくなる。おかんのこと頼むな」と言うんです。ヒカルの動画を見てくれたらわかると言われて。家に帰って、動画を見て、本当にショックを受けて、その場で涙が溢れてきて。その日は結局、仕事を休みました。

その後、また連絡がきて、「ドバイにきたらどうかと声をかけてくれた人がいる。いま捕まったらもうやり直せないと思うねん」と。罪は償わなあかんなと思いましたが、お兄ちゃん、もう50歳じゃないですか。詐欺ってやっぱり犯罪者やし。もう日本におられへんのやって。

ギャンブルして、何億と借金作っているなんてまったく知らなかった。お父さんもギャンブルで自殺したので。お父さんの場合は競馬とパチンコでしたけど。カジノで、一晩で何千万もかけるとか信じられへんかった。

お兄ちゃん、いつも口調はきついんですけど、私の中では優しいという印象が勝つんですよ。昔、私の元旦那が浮気した時も韓国旅行に行っていたお兄ちゃんが「正座させて待っとけ」と行って韓国から飛んで帰ってきてくれたり。お兄ちゃん、怒ったら怖いし、お父さんが元旦那とは会わせないようにして彼は殴られたりせずに済みましたけど。困ったことがあったらすぐにお兄ちゃんって感じでなんでも昔から相談する仲でした。なんでも解決してくれるスーパーマンみたいな。だから余計にショックすぎました。私は、お兄ちゃんに何もしてあげられなかったなと。

「ドバイでレストランで働かしてもらってる」「(相部屋のモロッコ人スタッフの)この子と一緒に暮らしてんねん」とか、毎日しんどいやろうけど楽しそうなメッセージもきて。私はあぁ良かったな、と父のこともあったし自殺は選んで欲しくなかったので。被害者の方々には悪いけど、とにかく生きててくれて良かったなと。

でも、その後に「実はＹｏｕＴｕｂｅを始めようと思う」と届いて、「え！　嘘ぉっ？」って言いましたよ。なにそれって。「暴露で儲けて借金を返していく」って言われて、まあ最初はヒカルやったから、やり返すじゃないけど、それぐらいだったらありかなと思った。でも、その後もヒカル以外の暴露も続いて、「えっえっえっ、嘘やろ、やりすぎや」と思ったのですが、もう止められない。私と母は日本にいるので、アンチの人もいるし怖いなと。実家は知られてしまったし。それで私は母のそばに引っ越してきたんです。

子供のころからお兄ちゃんは目立っているほうでしたね。団地育ちだったので、年齢関係なしに遊ぶでしょ。父親は体育の先生だったし、お兄ちゃんも運動神経が良かったので、鉄棒とか足の速さとか披露して、「よしかずくん、すごい」って周りの小さい子から慕われてましたね。誰かをいじめたりするようなところは見たことないけど、おもちゃの飛び出すナイフを使って死ぬふりして友達をからかったり、いたずらは好きでしたね。

ギャンブルは若いころからパチンコはやってましたね。近所のパチンコ屋にお父さんを探しにいった時に、お父さんを見つけたんですが、隣のぜんぜん知らんオッサンが「あんたのオトンは弱くてあかんけど、お兄ちゃんは強いんやで」って教えてくれて。どんだけ通ってんねんって思いましたけど。

走り屋だったお兄ちゃんのイメージも強いです。レビンとかイカつい車に乗って私の高校まで迎えにきてくれたり。私の友達とお兄ちゃんと遊びに行ったりもしていました。江坂にあるフィラデルフィアっていうクラブに遊びに行って、朝まで遊んだり。六甲山が近いんで、山を攻めたり、阪高（阪神高速）乗って和歌山の白浜のほうに行ったりして遊びましたね。

一回、車で猫ひいてしまって、犬とか猫大好きだから「ああ、ごめんなあ」って本当に泣きそうに言っていたり。今、ドバイで猫を2匹、飼ってるのも、寂しがり屋なお兄ちゃんらしいなと。

とにかく人をみんな集めてワーとするのが好きでした。お兄ちゃんが友達と立ち上げたイベントサークルの勧誘のために、私も大阪大とかに行ってチラシを配るのを手伝いに行ったりもしていました。とにかく人がめちゃくちゃ好きなんだと思います。誰かと一旦仲良くなったらめっちゃ大事にする。

お兄ちゃんの喋りは両親のそれぞれの良いところを受け継いでいるんじゃないかなと思いますね。お母さんは明るくて、ただ自分の言いたいことだけ喋るタイプなんですけど、お父さんはそこまで喋らないけど、校長先生もしていたから頭がいいので賢く上手に喋るところがありました。

参議院選挙に出るって聞いて、まあ出るのは自由やけど、そうなんやあって感じでしたね。落ちると思ってました、私はお母さんと期日前投票に行ったんですよ。お母さん、初めての選挙だったから投票の仕方がわからなくて、選挙区のほうでお兄ちゃんの名前探したけど見つからなくて。「すみません、私が投票したい人の名前がありません。ガーシーって名前なんですけど」って大きな声が聞こえてきて、めっちゃ恥ずかしかった。係の方に比例なので2枚目にお書きくださいって指示されて。後で、お母さんは「だってわからへんもん」って言ってましたが。

私の息子は中学の時に不登校でした。ONE OK ROCKが好きだったから、お兄ちゃんがライブに連れて行ってくれて、ボーカルのTAKAと引き合わせてくれたり。うちの娘は東京に遊びに行った時に、お兄ちゃんに連れられて、真剣佑（新田真剣佑）とも焼肉行っていますよ。一緒に食事したみたいで。娘は「ばり格好いい」なんて喜んでました。なのに、お兄ちゃん、（ガーシーCHで）真剣佑のことも暴露してしまって……。

お父さんが自殺した時は、紳助さんが葬儀に駆けつけてくれた。「お母さん、元気出してや」なんて声かけてくれて。お父さんの最期はお母さんが家で見つけたので、本当にショックを受けていました。死んだ後、お父さんはヤミ金から借りていたみたいで業者から督促の電話がガンガンかかってきた。借金の対処はお兄ちゃんが引き受けてくれて、「死んだやつからどう金取るねん」って言い返してくれて。返済しなくて大丈夫なようにしてくれました。

暴露ってしんどくなるじゃないですか。元々からの友達を叩くのは尚更そうだと思う。それならまったく知らない人を攻めたほうがいいんじゃないかって。それだったら週刊誌とかで政治家の汚職を叩いたりするのと一緒だし。仲良くしてた人たちも打撃を受けるし、本人も辛いやろうし。まあ言うたら、しょうもない芸能人ばっかりじゃなくて、もっと知らん人の、たとえば政治家とか経営者とかの闇とかやってくれたらええのかな、とは思いますね。

東谷の母（77）

いやね、私、あの子がやっていること（ガーシーＣＨ）観ていないんですよ。観るのが、怖い怖い。もう一切観ない。そんな怖い話（暴露）とか一切。本（自伝本『死なばもろとも』）も表紙だけ見て、こんなん見たないわって。

それで十分なんですよ。あの子が何したとか聞きたくないねん。あの子が恨まれるのがやっぱり嫌やねん。もう50歳のおっさんやのに思われるかもしれんけど、それでも私の子やから。

ドバイも私は行けへんって。娘は会いに行きたいと言うけれど。えっ、義和が来て欲しいって言ってるって？　でも、ドバイと日本で往復20時間ぐらいかかるでしょ。私ね、飛行機みたいな狭いところで退屈なんが嫌なんよ。

えらい騒がれてるけど、参院議員になって。この前もNHK党の立花さんが当選証書を持ってきてくれて、「お母さん、当選して嬉しかった？」って聞かれたけど、「いや心配しかないよ、立花さん」って答えましたよ。そりゃ、あの子に一票は入れたよ。普段の選挙は一切いかない、というか、誰が議員になっても同じやろって思ったからこれまで一度も選挙行ったことなかったけど。まあ一票入れたら、あの子が喜ぶやろうからね。

義和は頼れる子。私には自慢の子なんです。

学校の成績とかは普通やったけど、頭の回転は良くて、私がなんか言ったら、即座にパッパッと返答できるところがある。小学生の高学年ぐらいの時には従兄弟とか、小さい子に勝手に塾みたいなのを開いて、「勉強教えたるから。月謝を払え」なんて言ってね。月に200円とか、300円とか払わせて。その時から商売が好きやったんかなあ。

優しいところもある。あの子がチケット取ってくれて、いっぱいコンサートも行ったよ。私、ジャニーズ大好きやねん。それにあの子は昔から友達の誕生日会とかも開くのが好きやったな。人を喜ばせるのが好きなんやろうな。

ドバイにもたくさん友達がきてるんやろ。あの子は人が好きやねん。子供のころからあの子はうちに友達をいっつも連れてきて、私はカレーライスとかご飯をどんだけ出してあげたかわからへん。大人になってからも有名人とか当時付き合っている彼女とかよく連れてきました。朝起きたら、気づいたら（水泳の）北島康介が部屋に寝てたりしたよ。（俳優の）城田優も来たけど、当時飼ってたペットの犬を可愛がってくれたわ。

あの子が小中学生のころ、いつも担任の先生との面談では「友達とは仲良くやっていますか」と聞いていました。進学を控えていた時期でもそれを聞くから、先生は「この時期に勉強のこと聞くんじゃないのか」みたいな反応でね。私は友達と仲良くやってて欲しいんですよ、学校で疎外されるの嫌やから。

義和が東京に移り住んで、芸能界に近いところで仕事してて、怖いのは怖かってん、派手な世界やから。私の生活では計り知れないでしょ。（20代のころに経営していた）車屋でも地道にしてたらよかったのに。それをぽーんと捨ててね。

ドバイから日本に喧嘩売っている？

それが嫌やねん。恨まれるやろ、それが嫌やねん。

でもまあ、暴露って、相手が悪いこととしていたってことやろ。義和がそれ（スキャンダルなど）を知ってただけで。正直、そこは義和が悪いとは思っていないんやけど、穏便に済ませようと思ったら、（昔のことを）ほじくり返して言うのはいいことにはならんやろなあとも思う。

でも、もうしゃあないな。ここまできたらな。私、「しゃあないな」って人生やねん。

（２０２２年夏、兵庫県伊丹市の自宅で取材）

エピローグ

ガーシーこと東谷義和とは一体、何者なのか。

本書を読み終えた読者は混乱しているかもしれない。結局のところ、彼は悪党なのか、それとも悪党を演じているだけなのか、と。それは1年近く取材をしてきた私にとっても同じで、正直、簡単には答えを出せそうにない。

そんな彼を形容するのに相応しいのではないかと思った言葉がある。

トリックスターだ。

その辞書的な意味は複数あるが、ブリタニカ国際大百科事典のものがわかりやすいかもしれない。

〈神話や民間伝承のなかで、トリック（詐術）を駆使するいたずら者として活躍する人物や動物。ときには愚かな失敗をし、みずからを破滅に追いやることもあるが、詐術的知恵や身体的敏捷性をもって神や王など秩序の体現者を愚弄し、世界（社会）秩序を混乱・破壊させ

る。一方、一般の人間界に知恵や道具をもたらす文化英雄としての役割も果し、両義的な性格をもつ〉

たとえば、ギリシャ神話のプロメテウスは、トリックスターの典型例と言われる。ゼウスの反対を押し切って天界から「火」を盗み、地上の人類に与える。しかし、人類は火を使って文明や技術を創造した一方で、同時に火を使って武器を作り戦争を生み出してしまった。秩序と混沌の両方をもたらしてしまうのがトリックスターの特性だ。

東谷はバカラ賭博で身を滅ぼしかけ、ＢＴＳ詐欺疑惑に手を染め、「詐欺師」と非難された。しかし、そこから秋田新太郎ら知恵を持つ者の力も借りることで、「ガーシーＣＨ」をスタートさせ、世間に衝撃を与える。そして何の因果か、前代未聞の海外から帰国しないままの参院選出馬では、28万票余りを獲得し、当選してしまう。ちょうどその時期から暴露の矛先は政界や経済界にも向けられ、岸田内閣や企業経営者らを批判し、時に扇情的に愚弄するようにもなる。

その後は、偽のタレコミをして陥れようとする人物が現れたことも影響し、情報の精査に労力をかけざるを得なくなる。それほど頻繁に暴露できなくなったわけだが、東谷は基本的に少しマイペースなところもある。ファンの期待は知りつつも、その時のトレンドや気分も踏まえて暴露対象を決める。2022年の年末にかけて政治家への暴露予告などもしていたが、それは実行されず、滝沢秀明のジャニーズ事務所退所などのタイミングを捕らえてジャニーズを集中攻撃するようになったのもその一つだが、東谷の行動は読みづらく、かなりの期間にわたり密着した私でも混乱するところがある。こうしてみると、世の中を引っ搔き回すトリックスターの一面がよく表れていると思うのだ。

しかし一連の暴露の結果として残ったのが、ただの混乱や破壊だけだったのかといえば、それも違うだろう。定義にある「文化英雄」という表現は大仰だとしても、社会のプラスに働いた面も指摘されている。

東京の港区界隈で芸能人に対し、異性のアテンド業などをしている30代男性はこう話す。

「（ガーシーCHの影響で）港区界隈での芸能人の遊び方は急に変わりましたね。ガーシーさんが『どこにでも俺のスパイがいるぞ』とか言っていたので、不特定多数の人を呼ぶようなパーティーは一気に減って、みんなひっそり遊ぶのを好むようになったんです」

出馬時の選挙公約では「芸能界をクリーンにする」と訴えていた。

もちろん、「ガーシーにビクビクして派手に遊ばない」というのが、必ずしも健全な社会とは限らないが、結果的に暴露対象になるようなスキャンダルを犯さず、芸能人が綺麗な遊び方をするようになったとするならば、そこに一定の社会的意義を見出すこともできる。そして、とかく批判される議員活動面だが、「リモートでは国会議員は職責を果たせないのか」という議論も起きており、SNS上では「ガーシーは仕事している」と擁護する声もある。オンラインサロン・ガシルの配信で、企業経営者からの暴力・暴言被害を告発した女性は「ガーシーさんが、この世にいてくれて良かった」と切々と感情を込めて振り返っていた。

トリックスターには「善と悪などの二元論的世界の間を自由に往還して硬直した状況に流動性を与え、活性化する」(百科事典マイペディア)という説明もある。「悪党にしか裁けない悪がある」と言って東谷が繰り出す暴露が、世直しとも取れる善の結果と結びつくのもトリックスターの文脈から解釈すれば、得心がいく。

ただ、トリックスターを体現する「ガーシー」という存在は東谷がただ一人で生み出したものでもないのだろう。東谷自身が、ワンピースの「麦わらの一味」や水滸伝の108人の盗賊団とどこかで自分を重ねていることを踏まえても、東谷本人とその周囲の仲間たちが共同作業で創り出しているのが「ガーシー」だととらえることができる。

それは、当初、「元に戻れなくなるやろ」と暴露に難色を示していた東谷を「逆に(暴露を)やらなかったら元に戻れるのか」と秋田が詰め寄った結果、暴露が始まったというそもそもの経緯が一つ。そして本書で取り上げたように、過去に不始末などを犯し、日本社会に何らかのルサンチマン（遺恨）や情念を抱える「手負いの者たち」が東谷のそばに結集し、暴露ネタの提供から制作まで陰に陽にさまざまなかたちで手を貸しているという意味合いもある。彼ら「ガーシー一味」が総がかりで生み出してきたのが、ガーシーＣＨであり、「ガーシー」そのものなのだ。

メディア界の重鎮で、ジャーナリストの田原総一朗はガーシーの暴露発信についてこう論評している。

「人の悪口言ったっていい。責任持って言っているならいい。本当にその芸能人が間違っていると思っているならいいよ」

「（ガーシーは）マスコミと一緒に人の悪口言って商売している。週刊誌だって（同じだ）」

（ＹｏｕＴｕｂｅ田原総一朗チャンネル　２０２３年１月18日配信）

新聞や週刊誌、テレビなどの既存メディアがニュースを占有する時代はとうに終わり、そこにガーシーが参戦しているという指摘だろう。田原が示唆するように、暴露と報道は本質的には同じ営みである。

最近ではＺ李、滝沢ガレソ、コレコレといった個人発信者がツイッターやＹｏｕＴｕｂｅ

でスクープとも取れる一次情報を発信し、世間を驚かせて既存メディアが後追いする機会が増えており、ガーシーもその系譜に位置づけられる。それだけ新聞や週刊誌、テレビも見ることなくSNSだけで日々の情報を得ている層は膨らんでおり、告発者も情報の出し先としてスピーディーな発信が見込めるSNSを優先する。そんな時代が確実にやってきている。

もちろん、個人発信者が情報の裏取りや精査がどこまで可能なのかという問題はつきまとう。しかし、時代変化を踏まえれば、「だから信用を置けない」「低俗な暴露しかない」などと、組織力を持つ既存メディアが上から目線で座していられる状況ではないと自覚すべきだろう。仮にそうした個人発信者がカネをかけ、裏取りのプロフェッショナルを雇ったらどうだろうか。

朝日新聞が東谷のインタビューの記事掲載を見送ったように、いつまでガーシーや「ガーシー」的な個人発信者をキワモノ扱いし、無視を決め込めるのか。国会の反応や警察の捜査状況に寄りかかってしかガーシーを報じない姿勢は、既存メディアのある種の傲慢と怠惰を世間に晒している気がしてならない。

ガーシー一味が今後どのような行動に出るのか。刻一刻と状況変化もあり、近くにいる私さえ予測できない。このまま時代のあぶくで終わるのか、それとも何とか窮地を切り抜け、新たな展開や存在意義を示せるのか。「死なばもろとも」の突撃精神が彼らを駆り立てる。タダでは終わらない、という予感だけは当たる気がする。

伊藤喜之

1984年、東京都中野区生まれ。早稲田大学政治経済学部卒業後、2008年に朝日新聞社に入社。松山総局(愛媛)を振り出しに、東日本大震災後には南三陸(宮城)駐在。大阪社会部では、暴力団事件担当として指定暴力団山口組の分裂抗争などを取材する。その後、英国留学を経て20年からドバイ支局長。22年8月末で退職し、同年9月からドバイ在住の作家として活動している。

講談社＋α《プラスアルファ》新書 863-1 C

悪党《あくとう》

潜入300日 ドバイ・ガーシー一味

伊藤喜之《いとうよしゆき》 ©Yoshiyuki Ito 2023

2023年3月15日第1刷発行

発行者―――鈴木章一

発行所―――株式会社 講談社

東京都文京区音羽2-12-21 〒112-8001

電話 編集(03)5395-3522

販売(03)5395-4415

業務(03)5395-3615

デザイン―――鈴木成一デザイン室

カバー印刷―――共同印刷株式会社

印刷―――株式会社新藤慶昌堂

製本―――株式会社国宝社

KODANSHA

定価はカバーに表示してあります。

落丁本・乱丁本は購入書店名を明記のうえ、小社業務あてにお送りください。

送料は小社負担にてお取り替えします。

なお、この本の内容についてのお問い合わせは第一事業局企画部「＋α新書」あてにお願いいたします。

Printed in Japan

ISBN978-4-06-531610-8

講談社+α新書

書名	著者	内容	価格	番号
人生の締め切りを前に 男と女、それぞれの作法	田原総一朗 下重暁子	年を取ると、人は性別不問の老人になるわけではない。老境を迎えた男と女の違いを語る	924円	794-2 A
歩く速さなのに健康効果は2倍！ らくらくスロージョギング運動	讃井里佳子	歩幅は小さく足踏みするテンポ。足の指の付け根で着地。科学的理論に基づいた運動法	968円	795-1 B
AIで私の仕事はなくなりますか？	田原総一朗	グーグル、東大、トヨタ……「極端な文系人間」の著者が、最先端のAI研究者を連続取材！	946円	796-1 C
本社は田舎に限る	吉田基晴	徳島県美波町に本社を移したITベンチャー企業社長。全国注目の新しい仕事と生活スタイル	946円	797-1 C
50歳を超えても脳が若返る生き方	加藤俊徳	寿命100年時代は50歳から全く別の人生を！今までダメだった人の脳は後半こそ最盛期に!!	968円	798-1 B
99%の人が気づいていないビジネス力アップの基本100	山口博	アイコンタクトからモチベーションの上げ方まで。「できる」と言われる人はやっている	946円	799-1 C
妻のトリセツ	黒川伊保子	いつも不機嫌、理由もなく怒り出す——理不尽極まりない妻との上手な付き合い方	880円	800-1 A
夫のトリセツ	黒川伊保子	話題騒然の大ヒット『妻のトリセツ』第2弾。夫婦70年時代、夫に絶望する前にこの一冊	902円	800-2 A
夫婦のトリセツ　決定版	黒川伊保子	大ベストセラー『妻トリ』『夫トリ』を超えて。「夫婦の病」を根治する、究極の一冊	968円	800-3 A
世界の常識は日本の非常識 自然エネは儲かる！	吉原毅	新産業が大成長を遂げている世界の最新事情を紹介し、日本に第四の産業革命を起こす一冊！	946円	801-1 C
人生後半こう生きなはれ	川村妙慶	人生相談のカリスマ僧侶が仏教の視点で伝える、定年後の人生が100倍楽しくなる生き方	924円	802-1 A

表示価格はすべて税込価格（税10%）です。価格は変更することがあります